Héroes Desechables

OMAR MONROY POVEDA

DEDICACION

Este libro está dedicado a todos los líderes, a los empresarios responsables con la sociedad y a las nuevas semillas que emergerán para manejar el Gran Mundo de los Negocios.

CONTENIDO

RECONOCIMIENTOS

Gabriela Izurieta Alarcón, Ilustradora y Mentora
Antonio Esquinca, Influenciador de Ejemplos y
Contenidos
Tamara Poveda Barragán, Inspiradora
Internet, Conocimiento mundial
Profesionales varios

Prólogo

El mundo real dista de lo aprendido en tu vida estudiantil. Toda esa teoría se desintegra a medida que comienzas a lidiar varios escenarios que jamás te develaron y claro en ese momento comienzas a buscar la forma de seguir en el mundo vorágine de las empresas; donde existen 2 familias; las manadas y los especímenes solitarios y es evidente que es ahí donde descubres en silencio que lo que aprendiste fue un buen tiempo invertido para desarrollar hábitos profesionales, metodologías, amistades y cumplir una etapa exigida por la sociedad.

Ahora estás atrapado en la selva del entorno y de la hipocresía donde tendrás que escoger ser *cazador, recolector o víctima.* Cuando todo empezó como una ingenua y alegre forma de ganarte la vida muy pronto tendrás que desarrollar inmunidad y serás parte de cualquiera de estas 3 especies.

Ese submundo que no te contaron y que básicamente se transforma en una visión retrograda de educación es la cruel realidad de tu mundo laboral. Quieres salir adelante y las selvas que existen dentro de tu empresa te impiden sobrevivir y mucho más trascender.

Esos recovecos desconocidos y de poca luz te sumergen en las fuerzas gravitacionales que serán posteriormente arenas movedizas que independientemente de tu especie pueden lograr exterminarte. El chisme, la hipocresía, el nerviosismo y la "amistad" juegan el firme propósito de llevarte a distintos lugares que no logras entender y te pueden dejar varado por años en tu mismo escondite o en el de otros.

Por si fuera poco, luego de años de intentos fallidos y de seguir verdades a medias cediendo tus convicciones te topas que han transcurrido años de trabajo de tu tiempo para seguir siendo un asalariado más; que ha trabajado cada año; 4 meses en promedio para el gobierno (impuestos y seguridad social) y otros 3 meses más para el banco (intereses bancarios y deudas innecesarias). Sobrándote solo 5 meses para alimentarte y sostenerte.

Ahora bien, con este panorama desolador y poco esclarecido por los sistemas educativos baso mi teoría en el nuevo pensum que debe ser impartido por la Universidad de la Vida. Lo que conoces con mucho dolor y que nadie te enseña; solo pocos lo saben y los que han sabido por años lo dejaron en un halo de secretismo para que solo ellos lo utilicen y sigan dominando el mundo de los negocios y de la prosperidad económica.

Vas a conocer que todo lo que te dicen las políticas, la costumbre empresarial y las instituciones es para mantenerte como una hormiga obrera sin criterio y sin valentía. ¡La mejor forma de explotarte es esa!, dejándote sin espíritu y siguiendo lo que la masa hace. Pero si quieres saber la receta para trascender en cualquier institución descubre la cruel realidad y deja todos tus límites y paradigmas que te han impuesto a un lado y mantente alerto hacia un cambio trascendental.

Existe una esperanza basada en valores, en autoestima, en romper límites impuestos y en dejar que la imaginación y la Transformación Digital te gobiernen.

Te invito a este viaje sin retorno,

Agradecimientos

A Dios por toda su bondad que desde pequeño supo guiar y corregirme en el camino, por las charlas de los 70's en los tapiales de San Marcos donde podía divisar con su compañía el atardecer cerca de las flores y el frondoso jardín que con un solo soplo los creó. Por aquellos momentos de fe absoluta en mi niñez sin la duda penetrante que cuando creces te infunde pero que poco a poco fue opacándola con su omnipresencia en mi ajetreada y bella vida. El señor de los señores a quien adoro cada mañana y lo amo con ese amor que sobre pasa cualquier entendimiento al anochecer.

A mi familia que siempre ha sido mi sostén, mi sitio seguro de cualquier amenaza, de las que me caen a diario y de las que me busco con mi propia brújula. Un especial agradecimiento a mi esposa amada Gaby. Una mujer suave, dócil, inteligente, cálida, paciente, firme, llena de vida y ternura; su pureza me nutre constantemente y me limpia las heridas, con sus cabellos me recuerda lo noble que es y así acepto, que debo aprender a diario, aprender de ella. Me mantiene enamorado lleno de pasión y con ganas de seguir creciendo hasta envejecer junto a ella en algún lugar sereno lleno de inspiración llenándome primero como persona y después, porque no inspirando a líderes, a empresas, influenciando vidas y disfrutando de un café a media tarde con el amor de mi vida.

A mi madre mi heroína que siendo tan sabia y amorosa me supo formar de la manera más exigente y rigurosa haciendo de mí una máquina de productividad e insaciable sed de éxito. Esa persona luchadora, líder, ejemplo y con su masterado de sentido común, madurez, orden, amor e inspiración supo influenciar radicalmente a su descendencia. A ella que siendo una familia de clase media nos hizo siempre sentir especiales y millonarios frente a los amigos de barrio. Millonarios de principios de valores de empuje y de educación. La fuerza de mis fuerzas.

Al resto de toda mi familia directa, mis dos padres, mis hermanos, mis sobrinos, mis suegros queridos, mis cuñados, mis amigos cercanos y en especial a mis 4 hijos, la alegría de vivir ese motivo de no fracasar de no rendirse y tener siempre una sonrisa al final del túnel.

Daniela la más bella, Valentina la intelectual, dulce, la más vulnerable y fuerte a la vez, José Emiliano mi gemelo, pero en genio el hombre que más admiro y amo en este planeta y Domenica la nueva sinfonía que me embarga cada amanecer. Sin embargo, quiero reconocer que en mis primeros pininos a los tempranos 20 años, quien me lleno de energía para haber entrado en esta jungla grandiosa fue el nacimiento de mi amada Daniela, el lloro desesperante que me hacía dejar la casa para ir a buscar el pan a diario y sus carcajadas me dejaban sin aliento al regresar, Mi negra.

Tuve suerte siempre de tener gente que me ha impactado de buena o mala forma. Gracias por todos los extremos.

Quiero agradecer a todos mis líderes, mis jefes, los que me influyeron, los que me hicieron sufrir y los que me decepcionaron, estos últimos fueron muy pocos y pobres, sin duda aprendí de todos, hasta lo que no se debe hacer. Pero en especial quiero mencionar un cariño y respeto enorme a Jeannette la carismática humanista y a Sinval el último maestro de la vieja escuela, por ser los mejores maestros de mi vida

pág. 10

profesional. Ellos nunca pudieron ser reemplazables, me guiaron con su amor y con mano pesada a la vez.

También quiero agradecer a mis compañeros, que tuve muchos y a mis equipos de trabajo, quienes soportaron todas mis ideas y locos sueños, fueron parte de esos viajes intrépidos de lucha, sufrimiento, aguantaron mi ímpetu de conquista, a veces con mucho desgaste otras veces con mucha alegría. Dios les pague por haberme apoyado y por haber comprado la filosofía y haberme dado su tiempo constante.

¡Un especial agradecimiento a Joselito el mejor consejero, el amigo, mi socio de mil batallas, mi respeto, sonrisas y cariño absoluto!

Gracias a las marcas abstractas que han guiado e inspirado mi existir.

Gracias a aquellos profesionales, líderes empresariales, empleados pujantes, a consultores, a varios medios de comunicación, a las asociaciones de artes gráficas, asociaciones de artesanos, asociaciones de comercio, agencias de relaciones públicas y cámaras, a varios líderes de opinión, a proveedores, distribuidores, a los socios de negocio que fueron mis clientes más cercanos y en especial a los clientes más exigentes que me forjaron como un profesional de barro. Por quienes tengo las ganas de seguir demostrando valor.

Finalmente quiero agradecer a lo más importante, nuevamente a Dios a mi señor, el único que conoce mis más grandes sueños, frustraciones, dolores y vergüenzas. El único que me redime a diario y me maravilla con una sola gota de lluvia. Le agradezco por su enorme misericordia, su amor verdadero y por brindarme su amistad.

A Jesús el mayor líder que ha existido, lleno de ejemplos de entrega, de valores, de carácter y de convicciones. Sabio señor.

Políticas Vs. Ingenio

...Se trataba más de entender que podías darlo todo,
procurarles las mejores oportunidades, pero el control es una
ilusión....

Harlan Coben

Te zambullen en un mundo de políticas, reglas, procedimientos, alertas, etc.; que lo que buscan es estandarizarte la estupidez diciéndote descaradamente que así se hace las cosas. Es simple, quieren que tengas poca libertad de acción y tú crees que lo que haces es cumplir el proceso que más que nada exige que no tomes decisiones y que no trasciendas. Esa es la primera trampa del sistema, dejándote en el anonimato absurdo, pues se te está robando el alma y tal como van las cosas en la modernidad a este paso tu trabajo, pues podría ser reemplazado por robots en un mediano plazo.

Quien te ha dicho que las políticas son absolutamente necesarias. Claro que lo son siempre y cuando <u>cuiden al cliente, a tu gente, la ética, la sociedad, los inversionistas y te sigan manteniendo en el mercado</u>. Lo malo es que a veces las políticas son creadas por gente insensible al negocio que "cuida" los activos financieros de la empresa poniendo en riesgo los clientes a costo de su satisfacción. Peor aun cuando se trata de un ser humano como tú. Ese ser humano con total creatividad como cuando niños con esa apertura de pensar diferente al sistema y que podría ser la mezcla perfecta de salpicar vivencias e ingenio para mantener un negocio.

La mayoría de los negocios han quebrado no por faltar a sus políticas sino por no adelantarse al mercado y por la falta de atraer y mantener talentos. Mientras siguen pensando en mantener su absurda directriz y sus leyes y no aceptar excepciones en este mundo caótico, los clientes van sintiendo ese mal servicio, y los empleados esa mala paga, esa mala actitud empresarial que genera una brecha enorme entre lo que piensan que están entregando hacia el mercado y lo que los clientes verdaderamente perciben a diario de sus productos o servicios.

Las empresas que han mantenido sus reglas intactas son empresas que han dejado el mercado a manos de otros, muchas han desaparecido y otras ya no son ni la sombra de lo que eran en sus épocas de oro. Simple y sencillo cuando crearon autómatas insensibles y mermaron al máximo la creatividad y el ingenio de las personas. Pero cuando existen esos individuos con algo de holgura o de intromisión cambian las políticas con el uso diario del sentido común. Ese sentido que está totalmente sitiado y solo lo aprovechan los que saben la receta. La esencia más antigua de la civilización, "la ley de sobrevivencia".

La mayoría de los grandes inventos fueron desarrollados por mera necesidad y algo de visión. La gente que solía preguntarse a sí misma como logro un resultado a corto plazo a mis grandes necesidades con el mínimo esfuerzo, y así aprendió a sobrevivir en la prehistoria. Y así se desarrolló ese sentido común de mantenerse vivo. Los que sabían comenzaron a desarrollarlo en automático y los que no, solo obedecían órdenes de los grandes genios de aquella época.

Ahora, en ciertos casos quieren seguir tratándote como uno más de aquellos cavernícolas que no tiene criterio. No se trata, que no se cumplan las políticas; se trata de que desafíes las que no apliquen para saber si siguen vigentes y si siguen cumpliendo lo lógico, mantener y captar nuevos clientes, crecer tu negocio, cobrar el dinero y las cuentas, mantener y patrocinar la carrera de tu equipo y seguir diversificándote en este nuevo mundo en pleno cambio; siempre en un entorno ético. Si no fuera ese el caso levanta la mano inteligentemente y con osadía medida pidiendo a la organización que revise la famosa carta magna.

Eso se llama *coraje* y más tarde hablaremos de una de las características esenciales de los grandes ejecutivos. Ahora centrémonos en el mundo del ingenio.

Cuando la base de tu sentido común te dice que las cosas deben cambiar por salvaguardar el negocio y por obvias razones tu equipo como uno de los principales activos, debe venir una idea clara novedosa que te diga mantén a tu cliente, capta otro potencial y sigamos haciendo negocios. Eso sucede con audacia e ingenio y lo corroboras contigo primero y luego con tu jefe. Y seguro que lo vas a convencer con mucha habilidad. Esa habilidad que seguro lo estarás desarrollando con el día a día.

Para acrecentar tu ingenio debes cuestionarte siempre si estas avanzando. El momento que no avanzas y todo sigue del mismo tamaño y fisonomía es una de las respuestas claras que el ingenio debe florecer. ¿Cómo sucede esto?

Te pongo un ejemplo. Un cliente está ávido de recibir una contraoferta modificando la propuesta inicial. Tal vez en precio o en características del producto o servicio que estas vendiendo, muy pronto las políticas se contraponen en lo que te pide el cliente. Tienes dos caminos a seguir: la política o perder un cliente. ¿Tú cual escogerías?

¿Escogerías seguir salvando el pellejo y acomodarte a las reglas?; pero tu instinto y tu inteligencia lógica te dice que NO, que debes hacer un esfuerzo extra y seguir luchando por tu cliente. Eso se llama coraje y prefiero que quede como un apartado posterior. Una vez que el coraje te aclaró el camino viene el sendero del ingenio para que tu empresa valore lo que tus ojos ven con ese cliente. Pues el ingenio en su máxima expresión se ayuda con la palabra, argumentos y con datos que puedas ofrecer para rebatir a la política. Seguro que encontrarás mucha base para el efecto, pero la magia viene cuando das otra alternativa válida y lícita para seguir en el camino con ese negocio. Apasiónate e imagina el mejor camino. Y convence a la cadena. Sino lo haces…. Te falta ingenio. No coraje.

Si lo haces; eso se llama ingenio.

Tú escoges luchar tus batallas. Pero cuando las ganas se llaman ingenio.

Vas a trabajar con políticas la gran mayoría de las veces SI, pero no siempre, pues para eso tienes discernimiento y criterio, y en el fondo para eso te contrataron para que des ideas de cambios. Si te animas tienes coraje y si convences venció tu ingenio, y entonces luego la empresa, ¡el cliente y todos ganaron!

Acuérdate que existen síntomas que definen tu inoperancia. El más grande, cuando compruebas que es "más difícil vender hacia adentro que hacia afuera", entonces cambias o te aniquilas.

La trampa de la inteligencia emocional

*...No olvidemos que las pequeñas emociones son los grandes
capitanes de nuestras vidas y las obedecemos sin darnos cuenta...*
Vincent Van Gogh

Todos los estereotipos son malos. Piénsalo y acuérdate cuando de niño te decían eres muy dañino. De hecho, sin duda habrás dañado muchos juguetes. ¿Piensas que te merecías ser tildado siempre de dañino o de curioso? Piénsalo en silencio. También existen los famosos ejemplos que cuando estabas muy educado te tildaban de buenito o de bien portado. Quien sabe muy en el fondo si estabas de baterías bajas o sin interés ese día.

La sociedad nos va convenciendo que existen comportamientos válidos y aceptables e incluso ambicionados como un modelo a seguir. Este es el caso de la laureada inteligencia emocional. Cuando empezaron a decirnos es mejor que seas inteligente emocional, se olvidaron de que necesitabas siempre seguir informado, que de hecho para resolver un problema importante debías tener base y razonar la solución. Es decir que tu IQ aun vale mucho la pena ¿verdad? Con solo la inteligencia emocional no vas a hacerte millonario. Considéralo. Por otro lado, imagínate la aberración que se hacía cuando portarse empático, maduro, calmado, con confianza y evitando quedar mal ante el público te decían que casi casi seas un santo para que manejes una crisis. ¿Cómo te medían? Por resultados o por no hacer nada y seguir siendo popular y admirado.

Esa es la trampa de la inteligencia emocional, que te obliga a complacer al conglomerado cediendo tus puntos de vista y dejándote inerte ante lo verdadero. Mantener clientes, seguir creciendo y cuidando a tu equipo de trabajo. Por ser inteligente emocional no debes caer en la desaceleración de tu PASION. No puedes ceder lo no negociable reduciendo tu productividad.

Te pongo un ejemplo. Qué harías si todo lo que tienes ahorrado sale de tu cuenta bancaria. Son años de ahorro y sin duda te deja en una posición de vulnerabilidad absoluta. ¿Cómo lo tomas? Con tranquilidad y validas todos los temas que pudieron desembocar en semejante situación. Vas al banco con todos tus argumentos y no logras entender y tampoco obtienes una solución. Sin duda el banco te trata como un cliente importante pero no imprescindible y serás tratado bajo su proceso normal.

¿O comienzas a lidiar con el problema, te apersonas, escalas y comienzas a hacer valer tu dinero, tu familia y tus derechos como cliente?

Estoy seguro de que cualquiera en tus zapatos entendería lo crítico de la situación. Sin duda la gente sabrá que no vas a aceptar respuestas tibias sin una solución y lo que exigirás es que te den una solución inmediata.

Ahí se peleó el prototipo de inteligencia emocional con la crisis. El resultado resuelto en pocas horas o días. Esa dosis de énfasis en tu comportamiento muchos evaden pues rompen los estereotipos y cánones esperados por los grandes líderes o ejecutivos y dejan que los problemas y las olas de la adversidad les tape y salgan muy lastimados a la larga.

Conscientes de eso los que saben la verdadera receta no dejan que se les encasille con estereotipos.

El límite queda expuesto cuando debes manejar tu destino y el de tu empresa, por lo cual se inteligente emocional, pero sin descuidar tus bases científicas que te darán una visión realista del problema y sobre todo pon en práctica la resolución del problema sin poner en riesgo lo importante. Seguir avanzando.

Acuérdate que llega un punto en tu carrera que la democracia y el concurso electoral de popularidad en tu inconsciente está disimulando lo que debes pregonar para seguir siendo útil en tu empresa. Las grandes compañías buscan que te entrelaces en su red política para seguir vivo, pero recuerda sin dar resultado ese juego político para seguir siendo "inteligentemente emocional" puede llevarte al ocaso de tu carrera. Pues se van acabando los cartuchos cuando existen cambios y el desempeño no te soporta. Entonces los nuevos jugadores reciben tu cartola de calificaciones y ciertos comentarios de tu rol político. Seguro te verán actuar y si vacilaste en buscar el néctar del resultado por caer bien a la población, la fragilidad de cimientos te hace presa de los movimientos telúricos de la crisis.

En la crisis sobreviven las personas que han tenido un equilibrio entre tener más adeptos y una sólida base de resultados. Solo recuerda que las trampas están hechas para que caigas o te liberes. Se auténtico aceptando que no siempre vas a ser perfecto y que en esos momentos de dificultad aplicarás la calma, utilizarás recursos a soluciones de problemas, mucha creatividad y al final lograrás los resultados esperados.

La mejor forma de ser inteligente emocional es entender tus emociones y gestionarlas para bien, pero lo más importante es que puedas identificar las emociones de otros y seas empático con ellos llevándolos a su mejor potencial.

Distractores mortales

*...No hay que apagar la luz del otro
para lograr que brille la nuestra...*
Gandhi

Cuando quieres saber cuál es la peor lacra de la empresa no busques en tus productos obsoletos o tu mala situación financiera. Mira adentro de tu organización los bandos que se han creado para autodestruirse como un cáncer letal, las guerras de poder que han emergido, la envidia que carcome, todo este revoltijo le quita suficiente tiempo valioso para que el negocio quede a un lado. Esa enfermedad letal que ha germinado no deja que la gente saque lo mejor de sí y se convierte en una pérdida de tiempo absurda que se ha de tomado todos los órganos vitales de tu empresa. Es como si existiera un complot, pero espontáneo en que los que lo auspiciaron, lo hicieron con su sano juicio y añadiendo el morbo e hipocresía ganando el interés de muchos y quitando a diario el foco de hacer negocios.

Ni la bomba más grande de regulaciones gubernamentales ni la promoción más agresiva de tu competidor se compara con este ataque haraquiri de tus propias filas.

Debemos aceptar que en las empresas más allá de la parte profesional conviven seres humanos que se muestran como tal en todas las interacciones. Desde cuando ocupan un baño hasta cuando entran a una sala de juntas. Estos seres humanos gobiernan en tu empresa y tú entras a ser parte irresistiblemente de ese placer dañando tu reputación y envenenando tu lógica.

¿Qué hacer ante la ingratitud ante esa guerra absurda ante esos distractores?

Jamás vamos a lograr que el chisme desaparezca pues es normal de la idiosincrasia humana y está impregnada en nuestro ADN. Pero al menos date cuenta de que ese enemigo existe, que siempre ha estado ahí y si no haces nada para confrontarlo eres parte del sistema. Pues sabes que te merma y te desgasta a ti, a tu marca y a tu equipo de trabajo. Haz algo, ¡pero hazlo YA! Corta los órganos, desiste de esa carga negativa, de esa nube negra que inflama tus arterias de hacer negocios.

¿Cómo lo puedes hacer? No hay una receta única y sin duda nunca se impartió una catedra al respecto. Saborear el chisme te deja un aroma difícil de evitar, pero las consecuencias son fatales y es muy complejo que quede en la clandestinidad.

En el 2016, 7 de cada 10 empleados consideran al chisme como una forma de violencia laboral que afecta su desarrollo de acuerdo con una prestigiosa firma de consultoría. Este tipo de comunicación informal es la actividad número uno en los centros de trabajo de acuerdo con otra encuesta de otra consultora a 2,400 personas en Estados Unidos.

Al cuestionar a esos colaboradores sobre que les molesta de su lugar de trabajo, el 60% citó en primer lugar los chismes. El resto de los porcentajes estuvieron relacionados a como gestionan el tiempo sus compañeros y al uso excesivo de dispositivos móviles en reuniones.

El rumoreo se convierte en una bomba de tiempo a corto plazo lastimando al que genera el chisme y también al que escucha. Hablar mal de alguien o a su vez llevar información valiosa al inicio puede ser benéfico, pero a la larga regresará como un bumerang. Es cuestión de tiempo. Así de simple es la seducción del chisme.

Esa complicidad enfermiza es hora de romperla. Incluso muchas empresas de forma premeditada han propuesto a sus empleados ejercer el trabajo desde casa, los beneficios han sido varios en términos de costo y de enfoque en el negocio. Mejoría en productividad a la vena.

Ciertas empresas que no confronten esta dura realidad podrían quedar en el ocaso en el mediano o largo plazo.

¿Cómo lo puedes lograr?

1. Comienza con lo lógico. Si un jefe tiene la osadía de empezar con su grandioso ejemplo y habla mal de sus colegas o su equipo, cometió el peor pecado pues será seguido por sus reportados sin chistar. ¿Qué creías que la inmunidad era para el resto? ¿Y no para ti? Ya prendiste la mecha. Hello! eso no funciona así. Habrás destrozado la línea de confianza. Tampoco se vale que hables mal de tus superiores. Es hacia arriba y hacia abajo. Sin duda lo primero que habrá que implementarse es una fuerte directriz para concientizar a los líderes sobre el chisme. El poder tiene su precio y uno de los más críticos es la SOLEDAD DEL PODER. No tienes otra alternativa. Viene con la descripción del cargo, asúmelo.

2. Extirpa los órganos dañados o los más contagiosos. Sea un cáncer o sea una infección debes ir a la raíz del problema. Si tu empresa no

hace nada aléjate a millas de esos comportamientos. Lo ideal es buscar un dialogo constructivo sobre las implicaciones del chisme tratando de erradicar esos comportamientos.

3. Identifica "Los Bandos" estas agrupaciones informales que a menudo son las causantes de la conspiración y los inventos más creativos para dañar el ecosistema. Que no te identifiquen con ellos y que tampoco caigas en su miel por pertenecer al panal. Siendo directivo tu tarea recomendada es que promuevas una comunicación propositiva humana, gentil que inspire y que busque una mejora continua.

    El chisme no va a desaparecer porque es fruto de varios sentimientos entrelazados. Todo comienza en la envidia pasando con la hipocresía y finalmente difundiendo todo revuelto. ¿Con que afán? Algunos motivos siniestros, otros la popularidad y otros simplemente para distraer. Acuérdate que es un círculo vicioso *el envidioso empieza el rumor, el chismoso lo difunde y el idiota se lo cree.*

4. Y finalmente siendo líder oblígate a comunicar, comunicar, comunicar todos los resultados, los cambios organizacionales, las estrategias, las buenas noticias y sobre todo las malas noticias. El arte de la anticipación crea una coraza firme no impenetrable, pero al menos dura para evitar que los famosos rumores de pasillo o de internet se filtren y crezcan como bolas de nieve y terminen corroyendo a la organización.

¿Ya sabes dónde tú y tu equipo desaprovechan su productividad? ¿Qué esperas para batallar a la mediocridad? Busca un mejor ambiente donde al menos el chisme sea penado desde las cabezas o que la mayoría de las personas productivas lo eviten. Los códigos de ética desarrollados por las empresas ayudan; mas sin embargo el mejor brebaje para desintoxicar a la organización pasa por los 4 puntos antes mencionados. ¡Alerta!!

Motivación 3.0

...La vida es una obra de teatro que no permite ensayos...
Por eso canta, ríe, baila, llora y
vive intensamente cada momento de tu vida...
Antes que el telón baje y la obra termine sin aplausos...
Charles Chaplin

¿Te has preguntado que realmente te motiva? Existen decenas de teorías, pero podría llevarte a un corto viaje para que te des cuenta de que muchos años vivimos pensando que lo de afuera nos motiva. Las casas, los artefactos, los autos, los viajes, el dinero, los lujos, LA ZANAHORIA te motivan. Pues si te motivan y es un gran acelerador. Las empresas deben seguir pensando en incentivos para que des más. Pero algunas han venido podando estas prácticas y sin duda se han dado cuenta que sus resultados han bajado paulatinamente.

Te sigue motivando lo de afuera y es normal. El reconocimiento es clave para el efecto y los líderes deben estar claros que aparte de la zanahoria debe existir una palmada, pero lo clave es hacerlo en público. Lo más aburrido en una empresa es no celebrar los triunfos. Pero bien celebrado con intensidad. Que se sienta lo que se ha alcanzado ya sea un triunfo individual o de un grupo.

En este juego de conquistas, quien motiva y quien es motivado juegan un papel fundamental. Si uno no se convence de su rol la desconexión rompe todo lo planificado y además no contagiará al resto. Es clarísimo que los motivadores no quieren motivar a pocos sino a muchos. Pues cuestiónate si lo lograste con pocos, es evidente que puedes mejorar tus habilidades de comunicación y convencimiento.

Sin embargo, este tipo de motivaciones son de corto plazo y deben seguir siendo revisadas para obtener los resultados que tanto te hacen falta. Por lo tanto, debes verlo como actividades tácticas muy valiosas, pero hasta ahí.

Si quieres realmente motivar a la gente empieza una aventura de largo plazo y no tan bonita de poner metas con premios. <u>Eso se llama desafío</u>. Entrega un desafío y verás el resultado.

Existen dos modos de dar un desafío el uno es cuando las cosas vienen bien y en un ambiente controlado. La gente toma como una misión y habrás logrado exponencialmente el objetivo, ya sea un proyecto, un encargo temporal, una nueva asignación. Esa misión pasa por ser incluso imposible y se vuelve una meta más trascendente que cualquier monto de dinero.

Piensa un momento en Wikipedia, son una de las mejores entidades del mundo como Enciclopedia y fuente de consulta. Esta entidad no tiene fines de lucro, vive de aportes voluntarios y es tan exitosa. Simple, tiene misiones entre sus miembros y pudo destronar a Encarta puesto que motivó a sus empleados a inspirarse y adelantarse en tiempo real a todos los acontecimientos para enriquecer los temas que pueden ser consultados.

Existe otro desafío que puedes otorgar y no se da en ambientes controlados ni seguros y puede tener el mejor efecto que todos los anteriores. Es riesgoso y puede casi ponerte en una posición de antipatía ante el sujeto o equipo, pero haciéndolo a la persona correcta y con la maestría necesaria para el cometido puedes obtener lo mejor de lo mejor de los mejores.

Cuando los resultados van mal y tienes un equipo que sabes que es apto con destrezas necesarias para la posición y que además tiene las ganas para sacar el negocio adelante, no va a funcionar la zanahoria, no porque es irreal es casi un saludo a la bandera. Además, todo lo que implica un buen coaching o sesiones de motivación tienen un límite. Ese límite es la fuerza de espíritu. Si pruebas con darle una misión, aunque sea imposible tiene el límite del espíritu.

El espíritu es esa fuerza interior o llámale ese poderío que no encuentra una explicación lógica y racional. Cuando es desafiado de forma extrema puede generar una fuerza inentendible. Piensa en una persona de talla normal, pacífica, padre de familia que ve amenazada a su familia en un potencial coche de autos o en un riesgo de que sean lastimados en una gresca callejera. Ese episodio brusco que pone en riesgo la integridad o el sano orgullo hace que esa persona utilice recursos no conocidos en post de una defensa y triunfo obligado. Pues está expuesta la vida o el honor mismo de una persona o tu familia.

Estamos explorando que lo más motivante es tu familia, verlos en paz, verlos felices. Ese nacimiento de un hijo nuevo, esa compra de tu casa anhelada; hacen que tu productividad aflore más y que no exista ni siquiera como opción fallar.

Asegúrate que tus miembros tengan o persigan esos sueños personales que muevan el espíritu al límite. Esa es la motivación 3.0

Otorgar un desafío no es nada fácil porque el desafío es casi lograr un imposible, es alcanzar un sueño, es evitar una gran pérdida, es adelantarse a las futuras amenazas. Convencer a los miembros de tu equipo alcanzar ese desafío implica que trabajen en una misión, esa misión tiene que entregarles motivos verdaderos para lograrlo y en ese sentido tu juegas un papel fundamental. Tienen que saber que hay riesgo, tienen que saber que hay ganancia, pero sobre todo tienen que saber que la apuesta y el compromiso hacen la diferencia. Entregar desafíos es una de las tareas más importantes del liderazgo, muchos supieron de este enigma y ahora te está siendo revelado y solo falta que tú te auto convenzas y tomes la valentía de utilizarlo en los casos más extremos. Con firmeza puedo decir que he sentido esta motivación 3.0 en 3 ocasiones trascendentales en mi vida profesional. Una en el nacimiento de mi primera hija Daniela, con la que me sobraron motivos para dedicarme a las ventas para siempre. La segunda, cuando siendo un alto ejecutivo corporativo representaba a mi país Ecuador. Éramos los colistas por muchos años de Latinoamérica y por ese amor a la camiseta el desafío consistió posicionarla en el primer lugar. Y la tercera, fue, cuando un jefe de mucha sabiduría insinuó que no podía sacar adelante una línea de productos muy especializada. Habiéndolo hecho a propósito o no, el muy franco saco lo más fuerte en mí y me movió el piso y eso es lo que siempre lo que me ha motivado a diario. De hecho, le agradezco siempre haberme movido de mi zona de confort.

Aprendizaje sin fin. - Por otro lado, al final de cuentas como líderes debemos promover que nuestros empleados tomen sus decisiones y se apersonen de su trabajo en todo sentido. Eso se llama *autonomía*.

Si a esta independencia le sumas que a diario aprenda de su entorno, de sus compañeros, de sus clientes, de la competencia, estás generando una constante maestría dentro de tu empresa. ¿Te has preguntado independientemente de los títulos que tus ejecutivos traen en sus Hojas de Vida, estos podrían seguir la mayor *maestría* o post grado en tu misma empresa y encima de esto les pagas? Si reflexionas a profundidad podrías darte cuenta de que promoviendo eso tendrás a personas más motivadas y enamoradas de su trabajo.

Ahora bien, entrégales propósito, ese *propósito* debe ser más grande trascendentalmente más imponente e importante que tus productos. Cuando la organización entienda eso sin duda habrá replanteado la motivación, promoviendo el amor por lo que hacen.

Existe otro ejemplo del otro lado del mundo que escuché en una radio. Los japoneses siempre han gustado del pescado fresco, pero las aguas cercanas a Japón no han tenido peces por décadas. Así que, para alimentar a la población japonesa, los barcos pesqueros fueron fabricados más grandes para ir al mar.

Mientras más lejos iban los pescadores, más era el tiempo que les tomaba regresar a entregar el pescado, si el viaje tomaba varios días, el pescado ya no estaba fresco. Para resolver el problema, las compañías instalaron congeladores en los barcos pesqueros; así podían pescar y poner los pescados en los congeladores. Sin embargo, los japoneses pudieron percibir la diferencia entre el pescado congelado y el fresco y no les gustaba el congelado; por lo tanto, tenían que venderlo más barato.

Las compañías instalaron entonces en los barcos tanques para los peces. Podían así pescar a los peces, meterlos en los tanques y mantenerlos vivos hasta llegar a la costa. Pero después de un tiempo los peces dejaban de moverse en el tanque. Estaban aburridos y cansados, aunque vivos. Los consumidores japoneses también notaron la diferencia del sabor porque cuando los peces dejaban de moverse por días, pierden el sabor fresco...

Y ¿cómo resolvieron el problema?, ¿cómo consiguieron traer pescado con sabor de pescado fresco? Si las compañías japonesas te pidieran asesoría, ¿qué les recomendarías?, y ¿Cómo resolvieron el problema las compañías japonesas? ¿cómo consiguieron traer pescado con sabor de pescado fresco? (Mientras piensas en la solución.....lee lo que sigue):

> Tan pronto una persona alcanza sus metas, tales como empezar una nueva empresa, pagar sus deudas, encontrar una pareja maravillosa, o lo que sea, empieza a perder la pasión. Ya no necesitará esforzarse tanto. Así que solo se relaja.

> Experimentan el mismo problema que las personas que se ganan la lotería, o el de quienes heredan mucho dinero y nunca maduran.

> Como el problema de los pescadores japoneses, la solución es sencilla y se resume en esta frase:

> *Las personas prosperan más, cuando hay **desafíos** en su medio ambiente.*

Para mantener el sabor fresco de los peces, las compañías pesqueras ponen a los peces dentro de los tanques en los botes, pero ahora ponen también un ¡Tiburón pequeño!

Claro que el tiburón se come algunos peces, pero los demás llegan muy, pero muy vivos. ¡Los peces son desafiados! Tienen que nadar durante todo el trayecto dentro del tanque, para mantenerse vivos.

Cuando alcances tus metas proponte metas mayores. Nunca dejes de crear el éxito para luego acostarte en él. Así que, invita a un "tiburón a tu tanque", y descubre que tan lejos realmente puedes llegar.

Unos cuántos "tiburones" te harán conocer tu potencial, que no te asusten sus "dientes ni sus trampas" …. Tu sigue alerta, pero siempre "fresco". Y recuerda siempre habrá tiburones donde vayas.…

Finalmente, el salario no es lo que te motiva, tampoco por completo te sacian las zanahorias. Lo que te motiva es la AUTONOMIA con que ejecutas tu trabajo, tu nivel de MAESTRIA que logras cada vez que avanzas y el verdadero PROPOSITO profesional y que buscas dentro de tu empresa.

Tu nombre RESULTADOS y Tu apellido CUMPLES TUS PROMESAS

...Pregúntate si lo que estás haciendo hoy,
te llevará a dónde quieres llegar mañana...
Walt Disney

¿Si estuvieras en una entrevista que defina tu futuro laboral y el entrevistador te dice cuáles son tus fortalezas?, a reglón seguido te dice haz de cuenta que fuiste a la misma escuela que Juan y asististe a la misma Universidad, ambos se graduaron con honores y tienen gran conocimiento, por último, son de la misma generación y frecuentan los mismos círculos sociales. ¿Por qué tendría que darte a ti el trabajo y no a Juan? ¿Piénsalo, cuáles son tus fortalezas?

Ya no se trata de conocimiento si te habrás dado cuenta. Sin duda la actitud cuenta y podría ser parte de la respuesta. La respuesta está entre aspiraciones y habilidades, ¿estás de acuerdo? Pero si fuera una entrevista nada más podrías decir cualquier cosa bonita y te podrían creer y te contratarían potencialmente.

Sin embargo, en la vida real existe algo que marca tu respeto dentro de las organizaciones y tiene que ver con los *Resultados* y con lo que *Ofreces*. Esas dos vertientes pueden desembocar en un mar de afluentes infinitos de posibilidades de éxito. Eso sí, no se vale obtener el resultado a costa de lo que sea, que quede claro.

Pero sin duda en un mundo tan competitivo debes acelerar lo más álgido, los resultados para que sigas con vida. Lo mejor de todo esto y que deja de manifiesto tu fortaleza son los resultados a largo plazo.

Resultados. Si, mil y millón de veces que sí. Resultados es lo único que te protegerá y te permitirá sostenerte muchos años dentro de los modelos firmes de ciertas multinacionales. ¿Y cómo lo logras? Mezcla de todo. Es más, el resultado es el efecto de todo lo que haces a diario. Si quieres tener grandes resultados tienes preguntarte como es tu vida desde que amanece hasta que anochece. Todo está ligado a ti como persona y como ejecutivo. Si te despiertas tarde por más que seas un multimillonario que heredó millones de dólares seguro que los perderás en algún momento.

La puntualidad juega un papel clave a la hora de empezar el día. Todos los días debes empezar antes que todos, Que tu competencia, Que tus proveedores, Que tus Clientes, Que tu equipo, Que tu familia. Es así de radical. Nadie extremadamente exitoso se da el lujo de perder un solo minuto valioso. Puedes dormir incluso temprano en la noche. Pero no puedes dejar que las sabanas al día siguiente te envuelvan demasiado y que pierdas los primeros destellos del amanecer.

Ya estás primero que todos. Pues bien, ahora construye el resultado antes que nadie. Nada pasa por casualidad, si no haces una verdadera priorización de actividades jamás vas a lograr enfocarte en nada o más bien dicho los esfuerzos se difuminarán pues no gozas de energía ilimitada sino para pocas cosas importantes. La prioridad es crucial para definir que es importante en tu negocio. Te mentiría si existe una receta válida. Pero ayuda mucho escuchar tu voz interior lo que más te suena en el día, mes, trimestre o año. ¿Pero si te dicen que es más importante hoy o mañana que dirías? Yo diría HOY cientos de veces.

Ya tienes tus prioridades, sabes tú norte. ¿Cómo ahora produces? A través de otros, con otros, tú el artífice del éxito o una mezcla. Claro que la respuesta no es fácil, pero debes asumir tu destino y nadie será dueño de tus metas sino solo tú. Entonces a picar piedra. Haz que las cosas se muevan que tengan conexión. Que a diario tengan un avance. Los resultados son de a poco. Pocas veces van hacer golpes de suerte. Eso se llama lotería y aunque cualquier persona exitosa debe tener una estrella de la suerte, si los átomos no se unen no se abrirán los senderos.

Los resultados son la suma de tareas bien hechas NO perfectas, pero con un acelerado ritmo que se anticipa a lo que pasa en el mercado. Cuando el ritmo está vertiginoso y se pasma por alguna contingencia debes tener un plan B, C o D con el mismo cliente o que lo recuperes con otras fuentes. La cantidad es necesaria y también la calidad. A veces sacrificas una por la otra, pero mucho mejor tener de las dos. El resultado es arduo trabajo, pero con mucho más talento. Es decir que se puede afirmar que es picar piedra, pero con habilidad de un escultor y la fuerza de un constructor. Claro que los resultados son fuerza, pues deben sacar agallas cuando existe adversidad para seguir acumulando calidad y cantidad. Nadie logra resultados sin la ecuación de esfuerzo, pero tampoco sin puntería. Esa puntería es talento. Y ese talento es innato. Si fríamente que sí. Pero a diario debes ejecutar tiros libres y penaltis para seguir mejorando tu talento. Si ya hiciste todo, no casi todo, sino todo. Es hora de convencer. Convencer es vender encarnizadamente tu producto y tu servicio, tu idea, tus sueños, tu persona. Convencer es tener argumentos técnicos y psicológicos para el efecto. Tus clientes, tu jefe, tu familia deben estar consiente que no finges y que tienes la convicción de lo que pregonas. Los resultados no son asintomáticos. Tienen síntomas y si no logras leer los síntomas de tu interlocutor no sabrás cuando parar o cuando seguir.

¿Ya lo convenciste? Debes ser paciente hasta un límite que se respete tu arduo trabajo. Entonces viene la fase compleja de la Insistencia, de la presión. Presiona y se perseverante sin vergüenza con tacto, pero sin miedo. Estamos de acuerdo que no existe crimen perfecto y muchas veces se rasmillará las relaciones, pero con mucho profesionalismo concluirás el resultado a tu favor. Parece fácil y casi nos hemos adentrado a un ciclo de ventas en donde lo más importante después de alcanzar los resultados es cumplir con lo ofrecido, ya sea un proyecto interno o externo.

Entérate ese es tu nombre. A partir de los primeros pasos dando resultados sabrás que tu respeto tiene un sello en tu larga vida de tu currículo. Ese es tu nombre, la gente sabe que independientemente de tus cualidades, de tus características físicas, que les caigas bien o mal, que te enviden o que te admiren. Siempre sabrán tu nombre. Cuida tu nombre siempre, pues así te llama la gente.

¿Cómo logras vivir sin un apellido?, aunque tengas nombre. No es fácil, debes ser hijo de alguien y aquí tus abolengos no les sirven de nada. El mejor padre es tu palabra. En base a la palabra las empresas han construido Bolsas de Valores, Imperios. El mercado de las acciones de las empresas y el valor de las mismas tiene mucho que ver con las predicciones. Si existen buenos resultados de crecimiento año tras año y van acorde a los ofrecimientos suben las acciones y las empresas atraen a nuevos inversores creciendo su valor en el mercado. Así mismo si los resultados no están bien y en adición los ofrecimientos no se cumplen las acciones pueden desplomarse a tal punto de poner en riesgo la estancia de las empresas en el mediano y largo plazo.

Cuida tus ofrecimientos no al punto de ofrecer nada o peor ofrecer muy poco. Si ofreces poco no te justificas. Dejas por sentado que no haces falta. Si ofreces mucho y no cumples, te perdonan un tiempo hasta el punto del hastío y podrías dejar de pertenecer al grupo. Lo mejor es ofrecer lo cumplible, pero con un desafío. Siempre cúmplelo siempre. Y haz lo humanamente imposible para el efecto, pues tu honor y las acciones de tu empresa están en juego. Una vez que empieza la jornada trimestral, anual o mensual ofrece y cumple tus promesas. El poder de tu palabra vale más que tus títulos. Y solo se compara con tus galardones otorgados por tus resultados. Cuando tomas verdaderamente en serio tus ofrecimientos se genera tu fortaleza y esa fortaleza te hace diferente del resto.

En las grandes ligas tu nombre y tu palabra te hacen trascender te hacen llegar a los sitios más inhóspitos como topar la cima de la credibilidad, de asertividad. Eso no son simples adjetivos hacen la noche y el día de un ejecutivo senior. Más allá de tus conocimientos están tus habilidades y dentro de eso está tu honor. Lleva al resultado bajo tu brazo y el escudo de tus predicciones harán de ti un ejecutivo de cimientos y materiales firmes que no se trizan con vientos adversos.

Vamos a trabajar en un proyecto de vida llamado resultados y ofrecimientos. Logra que eso te forje a diario tu accionar y tu marca, tu blue print será tu distintivo por muchos años y así se te divisará desde muy lejos.

Carácter

…Un hombre de carácter podrá ser derrotado,
pero jamás destruido…
Ernest Hemingway

Eso no te enseña la escuela normal. Créelo, y sería muy pretencioso de mi parte que piense influenciar en tu carácter. Entonces, es importante resaltar los conceptos básicos del término carácter.

Existen muchas definiciones psicológicas de carácter y todo podría empezar con tu temperamento. Vamos incluso a aceptar que, pese a que el temperamento viene de forma biológica, tu carácter se forma en base a muchas experiencias en tu medio ambiente incluyendo buenas y malas experiencias. Podríamos decir que tu personalidad es más crítica a la hora de personificar tu forma de reaccionar en tu vida profesional, pero prefiero hablar de carácter porque la personalidad ha sido muy manoseada por muchos y se hace incluso un juicio particular que no te hace bien. Las empresas ven caracteres las personas personalidades. Por lo tanto, vamos a concentrarnos en tu carácter.

Quieres obtener acuerdos, mejorar tu vida laboral, influenciar en las personas, tomar decisiones y reaccionar ante tus pares de forma clara. Hay una forma intrínseca en que actúas incluso sin darte cuenta. Lo que pasa es que a menudo los profesionales se enfocan mucho a modelar sus conocimientos e incluso habilidades, pero no se centran en el ser. Y tu ser es tu carácter. Puedes tener un carácter bondadoso y noble sin que eso no te deje mostrarte como una persona determinada, o todo lo contrario mostrarte muy duro y despiadado pero muy influenciable. ¿Qué prefieres o como te vuelves más positivo para tu organización y para ti como miembro de un equipo?

Vamos a ser tan críticos como podamos. Si has escalado en tu organización es porque te has ganado una fama. En base a resultados y asertividad entre otros. Pero tu carácter pone tu sello inconfundible con que enfrentarás las vicisitudes que acontecen en el camino y hacen de ti una persona apacible o agresiva o varios ejemplos de antítesis, y no hay un carácter mejor o peor. Simplemente es tu carácter, pero entiende sin carácter no vas a llegar a ningún lado a largo plazo y mucho más a liderar a personas senior. Las personas quieren saber quién eres, aunque seas un gruñón o seas alguien muy chistoso o afable. Lo que quieren las personas de ti, es consistencia. Si no eres consistente puedes tener un carácter débil, aunque grites o a su vez puedes ser muy pausado, pero con total firmeza y consistencia que la gente te considerará fuerte de carácter.

Carácter no es ganar todas las batallas ni tampoco mostrarte invencible. Es ser honesto con tus convicciones y luchar por puntos de vista hasta que queden aclarados o superados. Es generar una fuerza interior que irradie seguridad. Que cuando hables lo hagas con ejemplos y con tus actos. Entonces tendrás un carácter claro y decidido pues está atado a tus creencias y así serás considerado como una persona con carácter que es fácil entablar contigo una relación, pero no es fácil pasar por sobre ti ni por sobre tus decisiones o creencias. El arriesgarse a pasar sobre tu carácter puede traer consecuencias que se deben sopesar. Tu carácter te define.

Entonces comienza a identificar ¿cuál es tu carácter? Date el tiempo de conocerte profesionalmente y aceptarte, así como también el de percibir el carácter de otros. Aquellos con quienes convives; si prestas atención ellos al igual que tí tienen habilidades y conocimientos, pero en el fondo tú tratas con sus caracteres y es ahí donde saber esa diferencia te dará la claridad para llegar a acuerdos positivos y a largo plazo. Pues estarás tratando con personas tal cual. La suma de adeptos es importante pero también es importante conocer los que no.

¿Qué es mejor? ¿Tener adeptos o contrarios?

Un amigo puede ocultar la verdad en post de mantener una buena y bella relación. Con un contrario sabes a qué atenerte y puede darte excelentes pistas para cuidar tus secretos y tus formas de expresarte. Tener contrarios no es malo pues te aclara la vista y sabes que es minado de ante mano y que no lo es.

El carácter con que delinees tu propio camino te hará único, podrán rebatirte, pero hasta un límite y será tu marco de referencia para que hagas puntadas finales a tus decisiones. La gente sabrá cómo tratarte y sabrá conocer tus límites. Te influenciarán hasta donde puedas ceder y los necios chocarán contigo dañando la relación y todo eso aplica también para que tú trates con sus caracteres.

Es entonces una de esas fuerzas interiores muy pocas veces entendidas y exploradas pero los que sabían el misterio lograron expandir su poder hasta lugares desconocidos. Es clave que ese carácter lo cuides y vayas entiendo que son de las pocas esencias que te hacen admirado, rechazado, seguido, evadido, pero en fin te hace real y con eso batallas todo el tiempo y tratan contigo.

Saca provecho de tu carácter. No lo ocultes pues saldrá a flote en cualquier momento y es mejor que conozcas su poderío destructivo o constructivo. En el camino del negocio deberás muchas veces dilapidar para volver a construir. Entonces hazlo con carácter, de convicción y habrás hecho tu trabajo que va más allá del conocimiento y tus habilidades.

¿Entiendes que esta es una fortaleza o debilidad? Seguro que lo habrás hecho. Los grandes líderes mundiales tuvieron caracteres varios y eso fue parte de su éxito, de su legado y de sus estrepitosas caídas. Parte del diseño de la vida que jamás será olvidado.

Sentido de Urgencia, Velocidad

> *...Cuando el hombre pueda viajar a la*
> *Velocidad de la luz al cuadrado,*
> *Conquistará el universo...*
> **Albert Einstein**

¿Qué es lo más valioso de tu vida? Piénsalo y seguro dirás las relaciones, tu familia, ese amor que te emociona, tus activos, tus estudios, tu casa, tus amigos, las inversiones a largo plazo, tus fondos de retiro, ¿el dinero, tu salud, tu trabajo? ¿Tu relación espiritual, Dios, tu tiempo?

Todo eso es valioso; siendo más aterrizados la salud es clave sin ella no puedes enfrentar nada. Y eso no solo tiene que ver con la salud física sino también psicológica y espiritual. Todo lo que hagas en contra de ella te llevará a un desbalance biológico y emocional. Cuídala como un tesoro. Pero no voy a extenderme en algo que es claro y creo que es evidente para muchos.

Luego las relaciones son tu guarida, tu bastión, lo único que puedes decir que es tuyo, especialmente tu familia, tu esposa/o, tus hijos, los tuyos, esos pocos escasos e íntimos amigos que se deben cuidar como otro tesoro. Valóralos y riega esa planta a diario. Sin eso no vale la pena trabajar, ¿pues para quien lo harías? ¿Para tus logros? ¿Sería muy vacío verdad?

Lo siguiente para ti y para el entorno que crearás, es el tiempo y no hay duda de que es así es. Lo único seguro desde que naces es que morirás y que cada día que creces o envejeces te acercas al gran final. Siendo así de drástico los chances que tienes son muy reducidos para hacer la gran lista de metas y de sueños pues dependes totalmente de ese tiempo. Cada instante estás en esa lucha de productividad en tu vida para sacarle provecho a los minutos, a esos escasos escenarios de lucir o de trascender y eso pasa desde que naces hasta que se te apaga la llama de vida.

Quieres ser grande imponente estudioso varios Masters, varios Negocios, viajar y tener una buena familia, una bella casa, un futuro para tus hijos, ir a la final de futbol, al estreno de la película tan esperada; pues todo eso implica tiempo. Esa gran inversión que va desde hacer lo perfecto o hacer lo necesario, pero en el momento oportuno no más ni menos para el efecto.

Quieres ir a un concierto de tu hija y tienes media hora de recorrido hasta su escuela desde tu trabajo; al mismo tiempo debes solventar algo importante en la oficina. No quieres perderte la oportunidad de abrazar a tu hija mientras se presenta en aquel magno evento, pero la presión del negocio te obliga a tomar decisiones rápidas pero precisas. Pensemos que no fue planificado y que cayó de repente en tu agenda. Pesemos también que no puedes aplazar tu gestión. Pero eres de esas personas calmadas y altamente perfeccionista. Todo esto va en contra de tu acervo de hacer tu trabajo y te encuentras en la gran disyuntiva de tomar uno de los dos eventos en ausencia del otro.

Haciéndolo perfecto te tomaría 1 hora y media llegar a la escuela. Se acabaría el evento de tu sangre. Bueno empieza tu día y haciéndolo rápido y enfocado lo lograrías. Pero llega un mail de esos largos de un colega tuyo que menciona un problema ya solventado pero que te involucra. ¿Cómo actuarías?

El sentido de urgencia pelea duramente con lo intrascendente y también pelea con el perfeccionismo innecesario, pues valora lo importante: Las relaciones, los negocios, las ganancias, los clientes. Se enfada con las largas listas que generan retrabajo y burocracia.

El sentido de urgencia es sobrevivir pues nadie garantiza que mañana seguirás en pie. Te obliga a apurarte y a hacerlo de forma prolija. No pelea con la calidad pues la calidad es hacerlo bien desde la primera vez. Se cuida de los distractores. Le gusta la planificación, pero ama la improvisación en post de un objetivo y sabe que un cliente está esperando respuestas y que si no las das se podría ir. Es obsesivo por el cliente y por precautelarlo. Se fía de las personas rápidas y de las personas con emergencia de mantenerse, sabe que la velocidad hace la diferencia, no es partidario de largas conversaciones sin llegar al punto. Cuestiona a las personas que piensan que tienen asegurado su futuro, pues sabe en su adentro que eso es temporal y que debe cuidar con velocidad lo ganado y lo que aún le falta por ganar.

Y reconoce a los que se molestan por molestarlos con una urgencia. Comprende que son personas que no les agrada desacomodarse por el caos, aquellos que viven en un hospital sin accidentes, en la teoría de hacer negocios que funcionaba en los 50's cuando eran únicos sin casi competencia. Ahora en este mundo donde casi el 70% de las decisiones de compra o de contratación empieza por un dispositivo móvil conectado al internet. En este mundo donde los clientes ya están totalmente consientes que casi no necesitan de publicidad para comprar, donde incluso los vendedores son virtuales y donde la competencia no es necesariamente tu rival de siempre sino sustitutos que proporcionan mundos alternativos y paralelos a tus productos y servicios, y que ni si quiera te las hueles. Ciertos comportamientos de liderazgo que piensan que los clientes están ahí para siempre para ir a su ritmo con la pasividad digna del mundo analógico que tuvo su ocaso hace décadas. Esos líderes que toman las cosas con calma con madurez con "seniority" y que ven, por su puesto si logran conseguirlo, como por sus narices pasan las grandes oportunidades y quejas de clientes. Estos líderes que piensan que sus negocios se reproducen en su estado de resultado P&L (estado de pérdidas y ganancias) de esa teoría de ver números y no mercados.

La velocidad del líder es la velocidad del equipo. ¿Entonces qué esperas para hacer de tu negocio más vertiginoso?

No te dejes llevar por la clásica frase "se pasan apagando incendios". Teorías que desconocen cómo está de caótico el mundo. Es claro que si quisieran hacerlo muy planificado habrán perdido varios clientes en el camino por que no todo es cero errores. Los procesos perfectos. Eso es retórica y exceso de análisis. ¿No te has dado cuenta de que todo lo veloz es valioso? ¿Qué pasa si tu computadora se demora? ¿Qué tal si un restaurant te sirve tu platillo preferido en horas? ¿Qué pasó con tu hambre? Decenas de preguntas al respecto.

Existen desde hace siglos las carreras de velocidad entre seres humanos, siempre se habla del auto más veloz, del sistema operativo de PC's más veloz, ahora de la velocidad del internet. ¿Qué tal internet con todas las respuestas, pero a destiempo...te sirve? No por supuesto que no. Entonces la velocidad es valiosísima y el sentido de urgencia más pues podrías ponerle velocidad a lo absurdo a lo inocentemente tonto y es ahí donde debes conjugar ambos verbos y solo ahí habrás sacado grandes pasos y kilómetros de ventaja de tus competidores.

La vida te exige habilidad en el paso del balón, conocimiento a la hora de ejecutar un tiro libre y la velocidad y sentido de urgencia para saber cuándo despejar y así evitar un gol del contrario.

Todo es urgente, nada es calmado. Quienes te lo han dicho tienen su propia receta del fracaso pues sin duda no se están dando cuenta que nadie en el mundo de los negocios es fiel y que por más buen servicio o producto que tengas debes anticiparte y urgirte en siempre estar primero.

El sentido de urgencia se nota a kilómetros. Recuerdo hace 18 años cuando una compañera llegaba a la oficina luego de visitar clientes; se le oía a lo lejos el tumbado de sus pisadas, siempre apurada. Era alguien extremamente ocupada y exitosa. Estaba ocupada sin caer en intocable, pero se le notaba que hacía negocios constantemente. Si querías ir con ella a tratar temas intrascendentes, no se chistaba en demostrarte que le estabas interrumpiendo. Siempre con clientes, siempre insaciable del negocio. Eso quedó en mi mente.

Igual 15 años atrás tenía un compañero muy profesional, muy productivo que su oficina era la calle. Cuando estabas las pocas veces en la oficina cerca de él, este emanaba productividad, seguridad y mucho celo comercial en todo lo que hacía. Estaba apurado, le molestaban diciendo que siempre estaba a full. Lo que pasa es que siempre valoraba cada minuto para hacer negocios. Recuerdo que redactaba en su computadora las cartas o propuestas y tecleaba de manera impresionante. Era muy chistoso pues ni si quiera las secretarias de ese tiempo tenían la habilidad de ese hombre con su teclado. Cuando pasaba por los pasillos enrumbándose a los retretes para sus necesidades básicas prácticamente corría en vez de caminar y peor de exagerado era cuando retiraba una hoja de la impresora del corredor.

Ambos ejecutivos paradojamente no trabajaban hasta altas horas de la noche. Muy rara vez cuando tenían alguna licitación que los obligaba para el efecto. Era un maratón diario, pero salían temprano y por su puesto se demostraba hacia la organización que ellos iban en otro ritmo. Eso nutrió mi experiencia que un segundo hace la diferencia. Jamás perdieron un negocio por no tener un pliego completo. Jamás llegaron tarde a una apertura de sobres. Es decir que nunca perdieron por motivos de velocidad. Más bien ganaban por su oportunidad que ejecutaban sus acciones.

¡No te importe ser diferente! Tienes apuro, estás urgido, estás con vértigo, quieres diferenciarte del mundo y sabes que no puedes ser lento y que todo quieres para el día de antes de ayer. Eso no es locura es sentido de urgencia para ejecutar el negocio.

Tampoco se trata de vida o muerte para tu vida, pero si para el personaje que tu llevas en tu organización. No te estoy pidiendo que andes siempre con los pelos de punta, pero si ponle extrema velocidad. Que te lata el corazón, y que puedas correr en vez de caminar y en vez de correr volar.

La velocidad es casi un concepto de supervivencia, sino pregúntales a los impalas que siendo menos veloces que una chita, cuando se trata de salvar su vida saca esa velocidad escondida y sobreviven más que lo que son atrapados.

Regresemos a lo de tu hija. Sin duda harías lo importante para la empresa, pero rápido y asistirías a lo de tu hija. Si haces las dos cosas bien, aunque no te quedes platicando con tu amigo por lo del mail habrás hecho una acción de sentido de urgencia. No es heroica, es necesaria.

Más Veloz y Más audaz que los competidores. Eso es tener sentido de urgencia. No pares

Reflexiona en las etapas de la vida:

0-20 años: Disfrutas, Aprendes y hay mucha libertad.

20-30 años: Puedes trabajar en cualquier trabajo y con cualquier horario para acumular experiencia.

30-40 años: Deberías ya estar fomentando una carrera a largo plazo donde el dinero debes cuidarlo. Ya cuidas en donde trabajas y los horarios.

40-50 años: Deberías acumular riqueza sustituta que te sirva para poder retirarte con el mismo ingreso y estilo de vida que estás acostumbrado.

50-60 años: Últimos años de producción y de disfrutar lo hecho en materia laboral y tus propias inversiones.

60-70 años Disfrutar de la vida cada instante sin pertenecer a ninguna empresa, siendo dueño o viviendo de rentas o inversiones.

70 en adelante. Disfrutas, Aprendes y hay mucha libertad.

Tú decides donde ponerle el sentido de urgencia para que a los 40 años no estés trabajando de lo que sea o a los 30 viajando y derrochando el dinero en vez de fomentar una buena carrera. El sentido de urgencia va con relación a todas las décadas de tu vida en general.

Jack Welch emblemático CEO de General Electric dijo "recuerda que el balance entre la vida personal y el trabajo no existe". Entonces, habrá días pesados donde tendrás que trabajar más y otros no donde serán mucho más holgados. Lo que existe es la velocidad y eficiencia. Solo con ese motor puedes estar en ambos sitios al 100%.

El arte de la vida

Todo lo que puedas imaginar
Es real
Pablo Picasso

¿Te has puesto a pensar todo lo que el mundo quiere de ti? Entre otros temas algunos quieren más postgrados de lo mismo. Quieren que te sigas incrustando en lo mismo. Si YO tuviera la oportunidad seguiría un masterado de cocina o de escultura, tocaría en una banda de rock & roll o viajaría a un mundo inhóspito como Alaska para analizar la perspectiva desde allá, ¡un año sabático¡; algo completamente diferente a lo que he aprendido hasta la fecha.

La gente se pasa soñando en complementar con lo mismo que se han dedicado por años. Estudiaron negocios 4 años y quieren post grados de finanzas corporativas o de administración con 3 años más o cualquier cosa parecida. Eso no te da contraste, y si no tienes contraste tienes más de lo mismo y entregas más de lo mismo.

El contraste es clave en el arte de la vida. Fíjate cuando ves un paisaje hermoso lleno de árboles y pasto verde y a lo lejos de la montaña existe un cielo casi anaranjado tornando un ocaso en un contraste de juego de colores que en vez de anochecer deja ver un destello brillante que parece que no acaba.

Eso es contraste. Ese contraste debe existir en tu rutina diaria. Llámale diversión, llámale carcajadas, llámale deporte, llámale pasatiempos y, mejor dicho, llámale arte. El arte de la vida.

Me he dado cuenta en mi carrera, nada es más importante que romper mi rutina del conocimiento. Y he encontrado que el arte me da ese poder de salirme de mi contexto, del aburrido y a veces repetido discurso del negocio.

Me he zambullido al océano del arte. Y a medida que sigo envejeciendo voy interpretando que el arte genera una amplitud de creatividad y pasión que los flujogramas no me lo dan. Incluso me da el poder de entablar conversaciones a alto nivel con mis hijos, con los vicepresidentes, con las personas cultas, con clientes, con mi vecino y me da ese conocimiento basto que refleja mi interés no solo por el business sino también por temas más trascendentales como la historia musical y como esta influenció en el arte, la cultura, la política, los negocios y el entretenimiento.

Todo empezó cuando jugaba a ser líder de mis amigos en el colegio. Y comencé a darme cuenta el juego de la influencia, que es otro capítulo; sin embargo, caí en cuenta que a más de las conversaciones de "estudios" el 70% de la interactividad no era académica y más bien era social: entretenimiento, la moda, las bonitas compañeras, deportes, las carcajadas, la música, etc. Me di cuenta de que había temas más importantes en las conversaciones cercanas al bar del colegio que despejar una fórmula, y comprendí que el mundo era mucho más que los conceptos o definiciones y fue ahí donde empezó mi pasión extrema por la música y al porqué del arte. Me adentré a comprender el rock de los 80's y fueron pasando un sinnúmero de grupos que modularon mis oídos en los tempranos 13 años y así fui creciendo para luego en la universidad y en primeros años de trabajo capté que eso que era el Glam y Heavy Metal evolucionó al grunge de los 90's y me quedé enamorado de un grupo que cambió la música por completo impactando la moda, con camisas de franela a cuadros y la forma de ver la vida. Nirvana, ese grupo que en los momentos de plena pasión o decepción sacaba lo mejor de mí para seguir produciendo.

Pasaron los años y hubo una hambruna musical y me di cuenta que ya estábamos en el nuevo milenio; por circunstancias de la vida la música de mis orígenes comenzó a desaparecer de mis intereses primarios y fui inundándome de ritmos comerciales, algunos de ellos que tomaron parte del nombre "reggae". Estos ritmos me desactivaron algunos momentos valiosos que no pude reconocer, como que el indie rock había resucitado el rock and roll.

Luego, pasando los años regresé a mi estado primario y reconocí a varios grupos de la escena mundial de esa época, como por ejemplo a Arctic Monkeys, que sin duda habían hecho una música diferente y fresca manteniendo en vigencia los genes del rock.

En el año 2008 necesitaba algo más que solo trabajo, siendo CEO de una Compañía Multinacional de Tecnología exploré que había pasado en los 70's y comencé a descender percatándome luego de varias búsquedas, que grupos como Led Zeppelin eran otro rollo en la escena de esa época y descubrí poco a poco el inicio de todo.

Muchos eventos corporativos hice alusión a ese ritmo temprano de Hard Rock. Sabía que el big bang del rock & roll era el rey Presley ¿pero que había en el intermedio? Y me adentré profundamente en la música de los 60's, y fue ahí donde encontré una revelación

TOTAL. Todo lo que pensé que era música verdadera comenzó a perder valor adquisitivo y a disminuir mi fascinación. Fue una regresión musical, hasta que develé a los Beatles y ahí se paró mi vida musical por largos años. Pienso que eso duro cerca de unos 10 años y aún continúa siendo reveladora y un hallazgo genial que intervino en mí; a tal punto de auto replantearme la forma de hacer negocios.

Encontré inspiración y un contraste valioso en la época de mayor creatividad en mi estancia como CEO. Fueron largos años de éxito tras éxito a nivel mundial de la afiliada que lideraba. En varios momentos internos y externos destacaba la armonía que impregnaron el cuarteto en aquella época y como cambiaron para siempre la música. No era blues con esteroides ni tampoco Jazz etéreo, peor aún mero rock & roll. Era nuevo y en varias canciones pude darme cuenta de que jamás envejecerían y que hubo invención e innovación constante. Una de ellas solo por citar "I am the Walrus", que te deja en claro al final que la escuchas que fue horneada hace pocas horas. Esa magia solo se repite pocas veces en la escena musical.

Varios momentos determinantes a la hora de hacer negocios con altos ejecutivos y a la hora de empatizar y relacionarme con esos niveles y también con mis amigos, la conversación afloraba y también las anécdotas y los vínculos con metáforas válidas de los 4 fabulosos me ayudaban a cimentar mis teorías de hacer el negocio, pero mezcladas con inspiración y creatividad. Mucho de mí como ejecutivo y como persona lo debo al rock y a su evolución. Rara vez la música ha evolucionado tanto en tan pocos años. En tan solo 60 años de la existencia ha existido una avalancha creciente de creatividad y pasión en los oyentes del mundo acaparando sentimientos y creciendo el negocio envuelto a lo artístico.

La pintura es otro acápite, así como el cine el teatro la cocina. Y todos estos macro ambientes te ayudan a liderar y a generar innovaciones en tu trabajo y en tu vida diaria. Recuerdo viviendo en México mi pasión por Frida Kahlo a tal punto de comprender su trabajo y su revolución heroica que sin duda ejemplifica la lucha de convicciones. Eso no lo hubiera vivido sino estuviera en una constante búsqueda del arte y de temas que me contrasten como ser humano más que como profesional. Ese amor al arte podría ser dirigido al deporte, al automovilismo, al arte culinario o cualquier tipo de arte que te permita seguir contrastando tu discurso para lograr entender las fisuras y las uniones de décadas en donde la tecnología ha evolucionado, los negocios también y ambos influenciados largamente por el arte.

El arte te hace salirte de tu rol para jugar un rol de seguidor y de admirador a otros aspectos que generan dinero. Los artistas verdaderos hacen lo que aman por convicción y no por dinero. Y con mucho respeto a los nuevos talentos de hoy en día que, sí que los hay, por eso mi énfasis en los 60's porque en esa época era un arte hacer un álbum. Con muy poco dinero, con pocas facilidades tecnológicas, muy poca difusión y pese a todo existían conciertos gratuitos y verdaderas obras de arte que iban desde las portadas, las líricas, las melodías y en concepto que transmitían en plena guerra de Vitnam. Un destello de todo esto antes mencionado se encuentra compilado por completo en "Sgt. Pepper´s Lonley Hearts Club Band – The Beatles", que para mí es de lejos el mejor álbum de la historia. "A day in a life" muy difícilmente será superada por siglos de música venidera, como la canción icónica de la época moderna. Cuando la escuchas, sabes que son varias canciones en una. Es sugestiva, melódica, funesta y clara como el agua. Y lo paradójico de todo el proceso es que la grabaron en distintos lugares sin estar juntos en pleno divorcio relacional entre Paul y John. Es una estúpida creatividad que desafía el tiempo y el espacio, logrando un acompañamiento de ringo en su batería poco ortodoxo y muy complejo para cualquier época. La genialidad del piano tocado por ambos compositores demuestra una sutileza que contrasta con los crescendos que estimulan y asustan a la vez. Dejaron impregnada su mejor composición que suena a burla y que suena a verdad. Todo un arte del cuarteto, en donde participaron otros músicos y artistas; digno de escucharlo una y mil veces. Y por cierto es el álbum con mayores misterios de teorías de conspiración como fue la muerte supuesta de Paul.

Lo que alcanza el hombre es indescifrable. Todos los aspectos relacionados a las invenciones hoy nos suenan a normal, pero hubo detrás de estas; gente especial rompiendo los estereotipos y llenando de esperanza a las nuevas generaciones. Cuando uno va una ciudad como Paris desbordan las preguntas de como seres humanos plantearon una ciudad tan perfecta llena de romanticismo, modernismo, clasicismo y culturalmente inigualable para muchos. Todo eso fue creado por maravillosos ingenieros, pero sobre todo por artistas que desafiaron el estatus quo.

Similar acontece cuando vas a Italia y en específico miras el trabajo del Renacimiento hecho por los genios del siglo 16vo. Maestros de la talla de "Miguel Ángel" que cuando te haces presente en Florencia sabes que esa tierra huele y sabe a él. Es impresionante la majestuosa representación de "El David", su obra cumbre y para muchos la mejor escultura de toda la historia. Cuando la vez no se logra imaginar ¿cómo un ser humano logró tal perfección? Nada vuelve hacer igual cuando absorto sin parpadear observas a David en la Galería de la Academia de Florencia. Alguien me dijo, no has ido a Florencia sino has ido a ver a David. Todo empieza cuando a lo lejos miras proporciones inimaginables. Lo que creías que era grande es pequeño. Una vez que avanzas en aquel recorrido mágico con paso lento y con la boca abierta de la admiración, llegas al lugar mismo donde yace la estatua. Una obra de arte que sobre pasa cualquier cálculo. Las proporciones son perfectas, las manos concuerdan con los pies, y ves brotar las venas de su supuesta circulación y todos inmóviles comienzan a buscar el ángulo mejor, pasan por los glúteos y nada se hace completo. La gente sigue estancada sin aliento sin pasar dejando a la gente sin murmullos, casi en silencio total he visto a gente horas que la admiran, de repente comienzan los turistas a captar fotos de David y con David, aquellas fotos que más que un autorretrato, buscan sobrar la instancia ante sus júbilos. Cada coyuntura cada postura está hecha con el mayor arte jamás antes visto. Fulminantemente llegas a la cara de aquel Santo, el Rey amado David y no logras digerir ¿cómo lograron tal expresión y comienzan a titubear tus sospechas si fue esculpido antes de la batalla con Goliat o fue después? Hay muchas teorías, pero la más importante es la DUDA que deja expresa el artista y que logro lo impensable para aquella época y para ahora mismo. Sin duda aceptas que el arte, la inspiración, la visión, la creatividad amoldan proyectos que la lógica normal no la acepta y es en ese preciso momento cuando difuminamos nuestro potencial, cuando aceptamos que es parte ingeniosa, loca, desenfadada debe llevarnos a nuestros sueños más lejanos. Quien se hubiera imaginado que Miguel Ángel iba a lograr tal escala, tal magnitud de un bloque de Mármol de Carrara que estaba sobrando cerca de la catedral de aquel entonces. Un gran fragmento de piedra que fue dañado por Simone da Fiesole y que muchos artistas no querían hacerse cargo de un trabajo de escultura. He ahí la genialidad que está en todos; pero que pocos como Miguel Ángel se deciden a soñar y amasar la más grande obra que parió una piedra y la humanidad en la escultura.

Michelangelo Buonarroti 1501-1504 (Firenze, Italia)

Remontándonos muchos siglos más adelante podemos afirmar que nadie ha hecho más que Apple Inc. por juntar el mundo del arte de la música y el mundo de la tecnología. Y esto se prueba mucho antes que el iPod y iTunes existieran y que cimentaran uno de los negocios más rentables y con mayor crecimiento de este emporio; la prueba de ello es el concierto de 3 días que en agradecimiento a la acogida del mercado por Machintosh Steve Wozniak socio cofundador de Apple e íntimo amigo del otro Steve ofreció sin costo para cerca de más de 300.000 personas en 1982. El famoso concierto de San Bernardino donde participaron grupos de rock de la talla de Gang of Four, The Ramones, The English Beat, Oingo Boingo, The B52´s, Talking Heads, Police, Santana, The Kinks, Tom Petty, Grateful Dead and Fleetwood Mac. Otra semblanza de como el arte amplía la gama de inspiración y de colores a los negocios. Steve Jobs citó como fuente de profunda inspiración en sus primeros años de destello la música, y principalmente los mensajes, melodías y texturas de los versos y acordes de Bob Dylan.

Otro ejemplo, pero ahora del arte literario y de la conexión absoluta que existe los negocios, los grandes líderes, el arte, la música y la creación de sanos imperios empresariales, es el que pongo a continuación. Herman Melville de origen americano, quien murió el 1891 y que luego de su muerte logro el reconocimiento mundial debido a su novela mundialmente reconocida y famosa "Moby Dick". Dejó de ser una simple novela desconocida para convertirse en un hito, interpretada y adaptada de múltiples formas y en diferentes medios desde 1926 en el cine mudo, películas dirigidas por famosos directores como John Huston, Orson Welles hasta caricaturas como las que en 1967 Hanna Barbera hizo por televisión, Moby Dick ilustra los escenarios de sus viajes, sus inquietudes filosóficas y la dualidad que se encierra en todas las criaturas. La historia cuenta que el nació en una familia muy acomodada en Nueva York, al cumplir 13 años sufre la muerte de su padre que al parecer loco y en bancarrota deja a la familia en una difícil situación. A los 17 años se enrola como grumete en un barco hacia Liverpool y a los 21 zarpa en un ballenero con hombres brutales y sin educación donde tras convivir con ellos 15 meses descontento por la vida dura y la brutalidad del capitán deserta en las islas Marquesas, ahí en esas islas los Taipis considerados caníbales lo reciben hospitalariamente, nadaba y paseaba con una muchacha llamada Feiwey y podría haber sido muy feliz pero el miedo a que un día se lo comieran nunca lo abandonó, así que escapó a bordo de otro ballenero donde las condiciones fueron aún peores. Ahí escribió Moby Dick; el tema central de la historia es LA VENGANZA. El Capitán Ahab en su barco ballenero PCode busca a Moby Dick, la ballena blanca que le arrancó las piernas hasta la rodilla. También hay quien ve en el Capitan Ahab la obsesión moralizante de los puritanos que fundaron las 13 colonias en Estados Unidos, los fanáticos que se escudan en un dogma y se valen de cualquier medio para llegar a su fin. Moby Dick puede incluso convertirse en una alegoría de la vida actual donde los norteamericanos al igual que los hombres a bordo del navío pierden la vida siguiendo a un líder que ha perdido la razón y al que no entienden pero que los atrapa en el vértigo de su propia locura. La ballena representa un monstro de las profundidades percibida por Ahab como un engendro del mal que ataca y destruye todo; sin embargo, la ballena no deja de ser una fuerza de la naturaleza, la ballena es un animal que lucha por sobrevivir ajeno a todo rencor a todo sentimiento humano. Moby Dick es una obra extraordinaria, y que aun la siguen sugiriendo como lectura obligada en las preparatorias. Es una novela llena de simbología, por dar algunos ejemplos se puede mencionar la pata de marfil de Ahab como símbolo de su impotencia, la ballena blanca el arquetipo del padre o la madre. Moby Dick símbolo del mal y Ahab del bien, Ahab del mal y Moby Dick del bien, 30 tripulantes de un barco el número exacto de los Estados Unidos como Melville describió en el libro, la internacionalidad de estos africanos, polinesios, franceses, chinos y estadounidenses representan a la humanidad, mezcla de razas de la población estadounidense.

Con posterioridad 3 jóvenes egresados de la Universidad unieron esfuerzos para realizar uno de los máximos sueños, fundar una Compañía de Café. La cual recibió del primer oficial ballenero de la novela de Herman Melville "Starbucks", Moby Dick influenció en Starbucks y algo que también es importante de esta fabulosa conexión entre décadas y siglos es que también un muchacho genio musical llamado Moby es el tátara tátara sobrino de Herman Melville y su nombre lo tomó del escrito de la novela de su familiar. Para englobar como el arte impacta en nuestras vidas no podía dejar pasar de mencionar la gran canción y exitosa Moby Dick que interpreta Led Zeppelin, en ella Robert Plant nunca cantó, el power trio se funde en un inicio pegadizo de temprano heavy metal también muy influenciado por una canción de The Beatles I feel Fine. El riff de Page está basado en 12 barras muy influenciado también del blues y John Bonham de repente comienza a experimentar en el primer gran hallazgo de un solo de batería al final de la época de los 60's. En ciertos conciertos ese solo de batería podía durar entre 6 minutos a 30 minutos seguidos. Esa canción sintetiza lo que los Zeppelin iban a basar su arte detrás de la pasmante y desgarrante voz de Plant, y como enfocaron su ritmo que llegó a influenciar toda la música del rock duro.

Estamos entrelazados con el arte en todas las esencias de los negocios y de cómo interactuamos como culturas, como seres vivos; más allá de un diccionario o de lenguajes, el arte interpreta en unísono la vida próspera o desierta que hemos tenido como civilización.

¿Por qué tanto arte si nuestro rol es profesional y muy estructurado? Por qué en el arte está la pasión y todos jugamos un rol en el arte de hacer negocios. Más allá de tecnología y de profesionalismo válido, está el arte de convencer y de meterse en los personajes tanto como los artistas que ganan millones de dólares.

Siendo un artista de tu rol en tu organización habrás superado solo lo profesional pues habrás ido más allá de lo racional a terrenos de la intuición y pálpito.

Compleméntate lo que tú quieras, pero no dejes de contrastarte constantemente para que haga sentido tus comentarios e impacten vidas. ¿Cuál es tu rol? Siempre pregúntate y sabrás que el arte está inmiscuido si quieres dejar un legado.

Amarga ingratitud y
lo insípido de la soledad

La ingratitud proviene, tal vez,
de la imposibilidad de pagar
Honoré de Balzac

¿Cuál es el precio de tu éxito, te has preguntado?

Todos nos merecemos éxito, es muy natural y justo buscarlo. ¡Nacimos para tener abundancia!

Ahora bien, una vez que deseaste por que por ahí empieza, deseaste llegar muy lejos, empieza tu camino a la soledad y para también saborear la ingratitud de los que fueron tus íntimos "colegas" y el equipo cercano que creías que era tuyo. Ese es el precio de que sigas avanzando, que te alejes de tus raíces laborales y que sepas que todo lo construido hasta la fecha generó sanas y oscuras envidias.

No por eso dejes de dar todo de ti, en tu discurso, en tu quehacer diario y en tus relaciones laborales. Esa pasión emanará éxito, pero cuidado en pensar que eso durará toda la vida. Disfruta del ratito sabiendo que es transitorio, que no es tuyo y que todo es prestado. Sin embargo, valía mucho la pena. Tus quejas fueron demasiado exageradas cuando algo salía mal. Pues después de todo tenías un sitio donde ponías tu sudor y te divertías mal o bien.

A medida que creces en la organización no puedes moverte mucho y si pierdes el equilibrio caes. Al mismo tiempo cada vez tienes menos personas como colegas; sin duda te estas quedando solo.

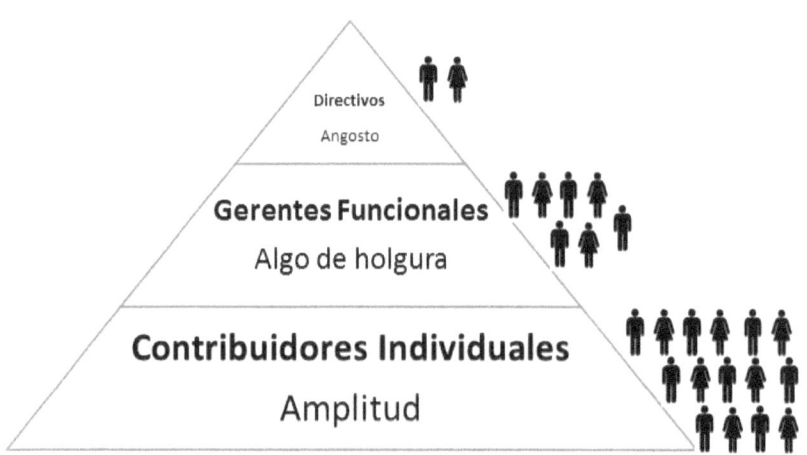

Es una realidad que debes aceptar y estar preparado.

Ahora bien, ¿cómo funciona esto si nadie te ha enseñado para confrontarlo con tu concepto de trabajo de equipo y modelo de éxito?

Tú comienzas a construir relaciones a tu nivel y a un nivel superior. A medida que sigues creciendo puedes seguir viendo hacia abajo pues los necesitas y comienzas a construir tu equipo. Ellos y tu pueden seguir creciendo y en la misma medida o con cierta variación tus pares. Llega un punto que estás liderando un gran departamento o manejando toda una organización desde el top.

Y es ahí cuando debes saber que la gente quiere decirte lo que tú quieres oír. Y se acabó la sinceridad y la fidelidad absoluta. Manejan un destino llamado supervivencia y tú piensas que es alineación completa. No te agrada la gente que piensa diferente, a tal punto que podrías retirarlos de la organización en aras de que no pongan obstáculos a tus ideas y estrategias.

Haces bien en dudar pues ellos no jugaron el juego por qué no querían o por que no sabían. Tal vez eran más inocentes o absurdos pero sinceros sin duda también. Cuando te rodeas de los tuyos, de esa gente fiel, inteligente y alineada empieza tu sueño de emporio que simplemente es temporal y que está en tu mente y en la de aquellos que lograron mantenerse en tu paraguas de liderazgo. El reto no es dejar de trabajar solo por evitar la traición. El reto es que estés con los ojos bien abiertos pues ellos quieren más de ti y son tus primeros críticos pues te conocen en plenitud. ¿Qué deberías hacer? Muchas alternativas. Una de ellas mantener distancia y dejar un halo de intriga o apasionarte, darte y equivocarte. Sea cual fuere, ambas tienen ventajas y desventajas. Sin embargo, en cualquiera de los casos debes estar claro cómo funcionan los bandos y las personas ante nuevos jefes y cambios organizacionales cuando tú ya no estés presente.

Ahí comienza la realidad que no la conocías. Una cosa era cuando eras el amigo, que tenía fama, poder o decisión. Ahora que cambió el ambiente tú crees que la gente te seguirá lavando los oídos con empalagosas premisas. Algunos de los que te reportaban comienzan a salvar su pellejo a costa de criticar lo que anteriormente creían o apoyaban. Otros se alinearán y te tendrán que olvidar a medida del avance y habrá excepciones de gente que seguirá fiel a sus convicciones. De estos últimos no haré comentarios, sino de los primeros dos.

Cualesquiera de los grupos han decidido olvidarte e incluso criticarte y traicionarte. Los rumores de gente resentida aflorarán y todo lo que hiciste mal o bien será criticado. Es normal, pero lo que no es normal es afectar tu autoestima por parte de la gente que supuestamente apoyaba tu modelo, pues se filtra y genera un sabor amargo de ingratitud. Poco a poco comienzas a reconocer quien es quien y pueden afectar tu productividad en otros lugares de la organización. Piensas que no tiene concepción ese hecho y puedes caer en aclaraciones innecesarias afectando tu productividad.

Sin duda a medida que creces te alejas de los otros. Entonces acepta que ya no eres parte de y que muchas veces serás tú el flanco de ataque de las críticas y a suposiciones descaradas que hacen espectadores que nunca han disputado una final de campeonato como tú. ¿Qué haces ante esa cruel realidad donde nadie te ha advertido o que nunca fue parte de un pensum académico? Tal vez no puedas hacer nada sino caer en controversia o decepción. Cualesquiera de las dos son dañinos para lo que tú esperas de ti, y para seguir siendo tú en la nueva posición. Pues, ¿con qué confianza cruzarías el campo minado de los negocios si sabes que es un comportamiento que se podría repetir?

Recuerda lo que ha pasado con más grandes que tú. ¿Tus padres?, seguro los criticaste y los traicionaste con pequeñas o grandes mentiras o abusos. Si a tu propia sangre hiciste algo parecido ¿qué esperas de meros pasajeros del tren de vida? Nada. ¿O el ejemplo vivido por Jesús con sus apóstoles tal como nos lo cuenta la biblia? El ser humano tiende a reacomodarse, a olvidarse y a solo recordar lo malo. Es naturalmente ingrato y muchas veces decepcionante, pero debes aprender a vivir con ello. Los que menos te esperas hablarán mal de ti. De tus ideas. Si existe cuestionamientos de por qué no se hacían las cosas diferentes, se escudarán en tus órdenes y trataran de decir que tú manejabas así las decisiones y que ellos discutieron pero que tú hiciste lo que te placía. Otros enclenques dirán más mentiras y otros decentes dirán claramente tus equivocaciones. El punto no eres tú, son ellos y su salvataje de asiento. No chistarán en no reconocerte y en dejarte en el olvido y saborearas el trago amargo de la ingratitud y de la soledad.

¿Que es peor? Ambos se complementan y con ambos sinsabores deberás seguir avanzando y sabiendo que la receta no será no seguir dándose, sino dándose, pero sabiendo que algún día pese al éxito que les habrás dejado o las grandes enseñanzas o grandes beneficios o pequeños detalles serán olvidados, pisoteados y caducados.

No todo pertenece al cofre de la ingratitud. Tendrás a pocos y esos pocos que te recuerden con cariño formarán contigo una alianza más a largo plazo y sabrás que ellos te fueron fieles y que te valoraron como un ser humano. Y sabrás que al final valió la pena haberlo dado todo por que tendrás un grupo o una pareja o una sola persona y reconfirmarás que todo lo que hiciste dejó una huella. Por esa alma valió la pena y fue compensado tu trabajo. Eso se llama legado.

Sino hablan de ti es porque no tenías fama. Si hablan de ti al menos no pasas desapercibido. Si te odian al menos te quisieron. Si te olvidan es mejor a que te tengan rencor. De cualquier forma, vale la pena que sigas de pie y luchando por tus convicciones sin olvidar que la soledad es parte de tu éxito y es integrante de tu descripción del cargo que has avanzado. No olvides que solos llegamos al mundo y que solos nos iremos. Por más bella o compleja que sea la vida no queda otra que vivirla intensamente y aprovechar los momentos que, aunque sean espejismo forman parte del matiz de la existencia. No te frustres por esos agujeros tampoco camines como si pasaras un campo minado a diario. Solo ten presente que es prestado y que no es tuyo. Así tengas una empresa propia no durará para siempre. Tendrás que heredarla o cerrarla. Si recapacitas bien te darás cuenta de que solo eres un mayordomo de lo que has construido. Todo te ha sido prestado.

Es más, todos los que conspiraron contra ti algún día se darán cuenta que eras valioso y que no eras el dueño de nada para recibir tanto crédito o desprestigio.

Desafiando las matemáticas

En matemáticas uno no entiende las cosas,
se acostumbra a ellas
John von Neumann

1) Empowerment = (número de aciertos x 2) – 1 número de equivocaciones

2) Errores de tu equipo = a tus errores

3) Éxito de tu equipo = A su éxito x tus Aplausos

4) Productividad = Sobre cumplir tus metas / ((horas laborales mensuales x 12) – (Fines de semana x 52))

5) Cliente Leal = ((Tiempo de solución normal / 2) + 2 Psicología + 5 Sentimientos) – Procesos Burocráticos

6) Tiempo de recuperación de un cliente grande = 10 años

7) Proposición de Valor de tu empresa para atraer y mantener talentos = (Salario monetario + Salario emocional + oportunidades de crecimiento + sistemas de retención + incentivos) x el poder de tu marca

8) Trabajo en equipo = (Suma de los mejores talentos x Sinceridad para mejorar – Politiquería) x cumpliendo objetivos

9) Política = Buenas relaciones - Adulación innecesaria – Hipocresía

10) Buen recurso = (0.20 x Conocimiento) + (0.8 x Actitud)

11) Celebraciones = Reconocimiento + difusión por correo al equipo + copiando a tu jefe

12) Errores peligrosos = Subestimar a tu jefe x Celebrar difundiendo con copia al jefe de tu jefe

13) Prioridades = Lista de pendientes del mes – intenciones – sueños inocentes – planes a mediano y largo plazo + imponderables + cimientos + IMPORTANCIA

14) Trabajo diario = (Comunicarse x 0.8) + (0.2 x (mail + estrategia + prepararse))

15) Crear trabajo = mails largos + conferencias innecesarias + exceso de control + presentaciones que nadie lee + redundancia + roles de relleno

16) Poner el pie = Revisiones innecesarias + Creación de trabajo + envidia

17) Tu acérrimo competidor = El chisme

18) Negocio rentable = Vender + cobrar a tiempo + a un margen razonable + gente bien pagada

19) Activos = Clientes + Empleados

20) Utilidad = Ventas – Costos – Gastos + Clientes insignia + Mejores Talentos

21) Inversión = Clientes + Gente

22) Coaching = Situación + Comportamiento empleado + Impacto de sus acciones + Soporte Gerencial para cambio

23) Gerente Comercial = Estratega + 2 Maestro "Coach" + Policía

24) Líderes = ADN + Sumatoria de todos tus jefes

25) Estrategia Agresiva = Fortalezas internas + Oportunidad del mercado

26) Estrategia Defensiva = Fortalezas internas + Amenazas externas

27) Estrategia Regenerativa = Debilidades internas + Amenazas externas

28) Estrategia de Distracción = Debilidades Internas + Oportunidad del mercado

29) Reputación = Política de ética cumpliéndose x Impacto de tu marca

30) Políticamente Incorrecto = No hacer bochornos + no confrontar a tu jefe en público

31) Políticamente Incorrecto (mala definición) = los resultados no son lo más importante en un punto de tu carrera, por lo tanto, alinéate a cualquier precio para que la mantengas

Liderazgo extremo

Si tus acciones inspiran a otros a soñar más,
a aprender más,
y hacer más;
a ser mejores; eres un líder
Jack Welch

Partamos que el líder nace y pocas veces se hace. Esas características innatas serán su madera y diamante que poco a poco se irá puliendo, ¡eso sí! Entonces siendo claros que nace. Podemos entender que además existe el interés de liderar una idea, un proyecto, un equipo, una organización o incluso un país.

Solo un líder que nace tiene el interés de meterse en la dura y a veces ingrata tarea de construir equipos, desarrollar gente y cargarse la responsabilidad del éxito o del fracaso de un resultado grupal de forma completa. Es decir que debe desacomodarse de forma inmediata pues adquiere más trabajo que el normal que tiene un contribuidor individual, pues apenas cuando es posicionado comienzan los correos de problemas u oportunidades de cada uno de los individuos a quienes representa. Es tan completo el grado de acción que inclusive deberá hacerse cargo de herencias pasadas sean estas buenas o malas.

Solo alguien que nace tiene claro que el carácter en enfrentar los retos, su empatía con el entorno, el éxito - el fracaso financiero, su soledad y su decepción le acompañarán toda su vida laboral.

¿El líder se puede hacer? Con mucha suerte y existen ciertas excepciones y si existen cursos, programas también. Pero en realidad siendo líderes tenemos esa carga cromosómica por nuestras células y luego se impregna la sumatoria de todos nuestros jefes, que viene hacer lo que realmente aprendes. Los buenos, los malos y los que dejaron huella imborrable en su paso.

Ese líder eres tú en esencia más lo que aprendiste de tus antiguos líderes.

Cuando se trata de situaciones puntuales puedes cambiar tu enfoque. Pero en esencia así te comportarás en un largo plazo, mostrando tú verdadero YO que lo acomodas, lo disimulas, das rienda suelta, lo contienes o mientes en algún momento, pero en definitiva luego brota de forma natural. Por lo tanto, dejemos en claro que el líder a parte que nace se pule en el camino, se ve influenciado lamentable o bondadosamente de los jefes antiguos que se impregnaron en su piel y también debe tener el interés por ser un líder. Ese interés hace la diferencia ciento por ciento. Los cursos de liderazgo y de coaching y de cualquier aspecto parecido ayudan y mejoran la materia prima.

Uno de los errores garrafales de las empresas es promover a personas que NO desean ser líderes y en adición apuestan al training para el efecto. Hay cosas que están en la naturaleza que no se puede cambiar. Nuevamente la teoría en contra de la práctica. La razón en contra de la intuición.

Ser un líder implica muchos aspectos de características pero que sobre todo se centra en el ambiente interno y en el externo.

¿Qué hace un líder? Sin duda principalmente construir un equipo. De hecho, un líder que no se rodea de la diversidad, de gente crítica y al mismo tiempo alineada no formará un fuerte equipo. Esa habilidad de formar equipos con talentos internos y externos, con ese imán para atraerlos y repelerlos es algo que hace la diferencia en un líder mediocre y excelente.

Mira tus líderes alrededor, sino tienen un equipo fuerte no son líderes. Han contratado a gente para que sigan sus órdenes en vez de contratar a gente con criterio y hagan lo que saben hacer. "Yes Man" que satisfacen las idioteces o aplauden las inocencias absurdas que proponen.

¿Qué más hace un líder? Debe generar una visión a largo, mediano y corto plazo y convencer a la gente que la siga. Siendo binarios así funciona, les puede gustar o no. Es preferible tener ese negro o blanco que tener una excelente visión. La idea es que la gente la rete, pero una vez aceptada no hay marcha atrás y no puede existir democracia en la fijación de la visión. ¿Si el líder no tiene claro esto, de que estamos hablando? De un seguidor o de un membrete ilustrativo en la organización.

Fijar metas numéricas, cuantificables, retadoras y alcanzables es otro de los aspectos de un líder. Si no es capaz de diagramar cuotas a tiempo, todo será un saludo a la bandera dentro de la organización. He conocido líderes medianamente aceptables pero que fijan metas tardías, no fijan metas o lo que es peor fijan metas inalcanzables. Las tres son mediocres y no llevarán a la organización a ningún lado; sin fijación de objetivos de forma oportuna es preferible a mediano plazo cerrar la organización o manejar la institución como un negocio personal.

Ahora claro está que no puedes fijar objetivos sino sabes de tu negocio. El líder debe saber del corazón del negocio, lo que genera una oportunidad, lo que es una oportunidad y lo que es perder tiempo. Si no lo sabe será un supervisor de mero trámite que llenará reportes sin criterio para mejorar, para criticar o para eliminar. Conocer el negocio no es otra vez basarlo a través de training sino en fomentarlo a conocimiento de campo. Ese conocimiento verdadero de las peripecias y de los recovecos que existen para lograr una transacción que aporte en tu negocio y en el negocio del otro.

Un líder ya conociendo el negocio podrá estructurar un proceso gerencial que será la columna vertebral de su accionar. Solo ahí podría fomentar un proceso mensual, trimestral o anual con la convivencia de otros interactores. Ese proceso sin duda no podrá ser excepcionado o de serlo será por fuerza mayor. Ese proceso es sagrado y no hay opción de cambiarlo y puedes innovarlo, pero no cambiarlo en esencia sino nadie lo creerá. Ese proceso puede estar repleto de reuniones o con reuniones necesarias para construir el resultado, medir sus avances periódicos, conocer como está tu equipo en el día a día y proyectarlos a su futuro, comunicar resultados, reportar resultados finales, etc. Etc. Normalmente las grandes empresas formatean este tipo de procesos de forma muy detallada. Si no fuera el caso más te vale que diagrames uno lo antes posible y confíes en él. Cuando estás hablando con personas, estás también siguiendo tu proceso, mal o bien estas haciendo tu trabajo. Tipear y pensar también lo es, pero que sean pocas veces. La acción te llevará al verdadero objetivo.

Debes ser capaz de armar una estrategia y de pensar en la estrategia de sus mayores competidores o de uno que está emergiendo como sustituto a su producto o servicio. Debe en cualquier estrategia pensar en segmentos, pues se comportan diferente, también debe tener identificado su Top 20 o Top 50 o cualquier métrica rankeada de sus principales clientes actuales y de igual forma debe tener visualizados sus clientes nuevos por capturar de forma rankeada y ¿quién los está atendiendo? Además, debe quedar claro quiénes son sus socios de negocios principales en su cadena de compra o de intermediación comercial. Las estrategias pueden ser agresivas o defensivas y dependerán si tiene fortalezas o debilidades y si es que existe oportunidad o amenazas en su mercado. Si no es un estratega la capa de líder le va a quedar grande. Debe serlo no hay opción.

Ahora bien, debe también medir a su equipo e inspeccionar su trabajo como policía cuando amerite. Depende de sus ciclos de negocio. Esa teoría que la gente hace lo que tiene que hacer está bien para los libros. Por más equipo de veteranos maestros necesita saber que está pendiente de las métricas sin quitarles autonomía. Ese control debe ser mejor si está anclado a un modelo de consecuencias hablado y patrocinado por ellos de forma intrínseca. La mejor forma de medir es tener métricas y sistemas que permitan de forma eficiente hacer listados y corridas de ciertos indicadores que te digan al día de corte o por periodos los avances en tu negocio y con tus clientes. Recuerda que debes preservar un negocio.

Debes estar claro que existen habilitadores esenciales en la ecuación de liderazgo y una de ellas es que tu equipo, que esté entrenado técnicamente o lo que es preferible en sus habilidades para ser mejores que su competencia, eso también debes asegurarse. Por otro lado, debe tener claridad absoluta de sus ciclos de enganche o decepción total de la organización o si está pasando un problema personal alguno de sus reportes. A veces está ultima parte es compleja pero un líder debe saber incluso si está cursando un divorcio o sufriendo un escabroso problema de salud o financiero. Todo eso impacta y no puede liderar equipos sin esos grandes detalles.

En fin, ahora voy a adentrarme a la crucial actividad de ser un líder. Piénsalo un poco. ¿Qué debe hacer un líder en un equipo? Puedes mandar y dar órdenes también es tu trabajo sagrado, pero debes si es posible influenciarlos para que lleguen a más de su 100% y siendo éticos. ¿Difícil tarea, Como lo logras? Con la inspiración con esa magia que debe tener un líder. Te pueden catalogar de loco o también de tirano, pero sin duda debes despertar sentimientos en tu equipo. Desde desesperación, presión, frustración y mucho mejor de *inspiración*. Esos sentimientos fluyen por dentro y por fuera de la organización y tú los debes generar. Si no haces una presentación esperanzadora en tu reunión de inicio de año, ¿Qué esperas del resto de tu equipo? Sino vistes de forma diferente que esperas que tus reportes reflejen en el mercado, si no aceptas que eres fuente de inspiración o de decepción no estás cumpliendo tu trabajo. Todo eso no es casualidad.

Cuando ves a un líder no desechable, éste cuida todos esos detalles. La forma de saludar, la forma de reclamar, la forma de resolver, todo es fruto de naturalidad expresa que no es parte del azar. Son engranajes que los grandes líderes siempre supieron que hacen la diferencia. Debes estar consiente que siendo tú la fuente de muchas esperanzas y desesperanzas la gente esperará que siempre la llenes para que exista ese líquido para seguir vivos. Los recursos propios de tu persona marcarán el camino de tu liderazgo hacia adelante. Inspirar a la gente es más importante que proporcionar un concepto teórico por más que venga del olimpo o de alguna sesión en las grandes universidades del mundo.

Debes ser tú. Ser auténtico hoy en día es muy complejo. Pues el estereotipo está ligado a la calma a la madurez a la cordura. Poniendo eso como un valor. ¿No has creído que a cambio de eso debes tener visión? Sin visión la gente no tiene una dirección. Se vuelve una tierra de nadie, y luego sin ejecución la gente va a su ritmo muchas veces en una completa anarquía o en un desierto de resultados. Ponte al hombro a tu organización y saca adelante tu equipo. Que sepan que hay innegociables, cuando aparezcan los tópicos anti-natura sabrán cómo vas a reaccionar y como encaminarás nuevamente a tu empresa. Esa dosis única verdadera real te hará ser un líder transformador, no conformista y tampoco el sabio que está siendo un mero espectador en aras de no quemar su imagen. Ser líder es representar, dando ejemplo, sin ser indolente a la impunidad a la improductividad a la desidia o al quemeimportismo de las masas. ¿Qué sacas que te quieran? y te consideren y hagan caso omiso a los preceptos de la Cía. y con la atención prolija que se merecen tus clientes? Ser líder es asumir la responsabilidad de ser el Darth Vader en muchos episodios de la galaxia de tu empresa y al mismo tiempo el Gandhi de la espiritualidad de la institución.

Las Compañías necesitan líderes de barro, descapuchados que aceptan que tienen responsabilidades y una de ellas crucial es sacar adelante la empresa, generando un clima de extrema productividad construyendo grandes relaciones con los distintos públicos y generando semilleros futuros dentro de la empresa. Germines de gente también enfadada con la mediocridad.

Esa materialización del líder no pelea con el cuerpo camaleónico que debe mutar a medida de las circunstancias. No puede siempre estar feliz, no puede siempre estar molesto. Debe estar listo para la acción casi siempre y también tiene derecho a pensar. Pero tiene la obligación de ser positivo pese a las circunstancias, pero sin pisar el pie del acelerador y frenando a raya ante un abismo. Debe tratar a las estrellas de diferente modo a como trata a las personas promedio y mucho distinto también a las que son improductivas. Y esos trazos deben aún más pulverizarse cuando se trata de individuos sabiendo que lo que le motiva a uno no le motiva al otro o viceversa.

Debe levantarse y asistir, pase lo que pase el día anterior. Debe ser el más fuerte y el más dulce de todos. No puede estar en la media. La media es para los que quieran de vez en cuando saborear esa semántica y no le quedará otra que acoplar su discurso para ese público.

Cada día debe ir a la empresa a actuar como si no pasara nada, como si tuviera el coraje de seguir. Estando triste no tiene derecho a demostrarlo. Preferible que lo vean revolcarse de las iras a verlo vencido. Ese poder de espíritu no viene de los cursos viene de adentro de los genes y de si ha tenido la suerte de la mezcla pragmática de anteriores jefes que seguro lo habrán desafiado, decepcionado, lastimado y motivado al extremo.

Por eso un líder no puede ser medias tintas ni todo un competente. Debe delegar, pero no lo indelegable. Debe acercarse al punto penal y patearlo para conseguir el gol del campeonato delante de millones de espectadores. A eso llamo el liderazgo extremo, el que ha llevado al mundo al desarrollo desde el inicio de las épocas hasta los días que estamos viviendo. Esas personas que hacen la diferencia y que muchos de ellos no pasaron por la universidad. Sabiendo que su potencia extrema le hará una parte de la historia imborrable de las organizaciones. Aquellos que no son descartables temerosos de salir de lo que les enquista por miedo a quedarse sin empleo. No serás aquellos que se olvidan del mercado y su pulso para seguir complaciendo a sus jefes de arriba en un modelo de cobardía. A los líderes se les conoce por sus acciones no por sus besos y falacias, en donde al final preferirás a alguien a quien atenerte, que a una oveja que rato menos pensado hace metamorfosis con una hiena y te ves fuera de la Cía. Esos líderes que sobreviven con o sin ti. Esos no sirven y se han convertido en secuela desechable en este mundo de plástico. Reflexiona siempre y asume que debes conducir un barco y no saltar cuando empieza la tormenta. Condúcelo hasta llegar a tierra firme y celebra ese acontecimiento como ellos se merecen.

Los líderes de carne y hueso son aquellos que cuando triunfan las personas, son éxitos de estos últimos, y cuando algo colapsa dentro de la organización sabrá que es su ENORME culpa y responsabilidad.

Reunionitis

Si el tiempo es lo más caro,
la pérdida de tiempo es el mayor de los derroches
Benjamín Franklin

Estamos plagados de excesivas juntas nada planificadas, estas pueden generar grandes pérdidas de dinero y de productividad; para aprovechar el encuentro, el empleado debe centrarse en su área de 'expertise' y no a alzar la mano de forma innecesaria.

La próxima vez que convoques a una reunión valdría pensar, además de la reacción de tu equipo, en el impacto económico. El fenómeno de juntas improductivas puede traducirse en pérdidas incuantificables si haces un estudio del costo laboral y de la rentabilidad de una hora productiva que podría generar la empresa dependiendo de las personas que están siendo citadas.

Existen estudios que un empleado tiene en promedio cinco reuniones a la semana. Pero el número de juntas no equivale a productividad en las mismas, sólo 20% de las grandes organizaciones sabe gestionar estas reuniones. Es decir, el saldo, el 80% desarrolla juntas sin seguimiento futuro y desperdiciadas.

"La 'reunionitis' es un tema cultural, en la mayoría de las empresas, es el espacio que tiene el jefe para mostrar poder, crear trabajo innecesario, y buscar consensos para evadir decisiones aventureras.

Las famosas juntas tienen una duración promedio de dos a tres horas. Si se hace una relación, una reunión por día son prácticamente 60 horas perdidas mensualmente. "Es poco común que se aproveche si quiera el 50% del tiempo en una reunión". Ese es el costo de las juntas ineficientes. Sumado al chisme va succionando a tu empresa.

Los efectos de Síndrome Romano:

El impacto por reuniones innecesarias no es menos preocupante en organizaciones de menor tamaño: sólo 1% de las empresas pequeñas organiza adecuadamente su tiempo, lo que impacta directamente en la realización de juntas. La cifra es 10% en empresas medianas.

Una definición de junta asertiva responde al espacio para multiplicar las fortalezas o habilidades de un equipo. El problema es que el jefe no suele tener claro los alcances de la reunión ni el retorno de inversión de una junta. Y eso va carcomiendo el normal desenvolvimiento de las empresas.

En 90% de las veces, la intención de la junta sólo es utilizar el espacio para denotar estatus, o destacar errores en el equipo, a esto se lo conoce como 'Síndrome Romano' (en alusión a los emperadores): el jefe encuentra en la reunión su lugar para ejercer poder y erigirse como 'dueño de algo'.

Debemos exterminar cualquier junta innecesaria que no agregue valor al negocio, a tu equipo o a tus procesos. Juntas para crear trabajo innecesario o para lograr consensos totales y/o extensas sin objetivos claros son una pérdida de tiempo, cuestiónate si estás en ello.

Me late
(Intuición, Olfato
y Riesgo)

*Tu tiempo es limitado, de modo que no lo malgastes,
viviendo la vida de alguien distinto. No quedes atrapado en el
dogma, que es vivir como otros piensan que
deberías vivir. No dejes que los ruidos de las opiniones de los
demás acallen tu propia voz interior.
Y, lo que es más importante, ten el coraje para hacer lo que te
dicen tu corazón y tu intuición*
Steve Jobs

Tomar decisiones muchas veces se vuelve tortuoso
pues las personas normalmente pesamos muchos pros y
contra quedando muchas veces resoluciones aplazadas
por meses o años; relegando al futuro lo que deberías
haberlo hecho ayer y lo que es peor comprometiendo tu
vida si esas decisiones marcarán un antes y después en
tu carrera, tu familia, tu vida amorosa, tu salud, etc.

Cuando tienes una disyuntiva, el común de las personas
es evadir ese momento crucial y se busca justificar que
existen otros pendientes prioritarios que tomar esa
definición. Esta circunstancia está mucho antes de
decidir tomar en cuenta la situación. Cuando ya no
tienes alternativa y tienes que sopesar la decisión y no
tienes otro camino, ese proceso de pros y contras puede
ser tan detallado y complejo que de por sí las
disyuntivas se vuelven más difíciles de escoger pues
ambas o varias posibilidades tienen un beneficio y un
contra de incurrir. Tan complejo como quieras que sea
el proceso puede volverse si le pones números y temas

subjetivos a las mismas. La semántica que quieras utilizar puede ser un gran motivo para evadir el momento de decidir dejando sin efecto la supervivencia de lo que está en juego. Esas decisiones perfectas que quieres tomar te pueden llevar a la obsolescencia.

Un día de Julio del año 2015 nos invitaron a varios altos ejecutivos de una multinacional al Evento Aniversario en la ciudad de México de una de las empresas insignia del país (Principales Retail de productos de oficina y servicios). Éramos uno de sus proveedores principales por eso teníamos el honor de acompañarlos, y desde que inició la velada fue un derroche de finura de tecnología y de creatividad y de esparcimiento. Todos nos sentíamos invitados y dueños de casa a la vez. Invirtieron como debían hacerlo tanto a sus clientes, proveedores, socios, entidades de gobierno y principales personalidades del mundo empresarial. Fue sorprendente cuando nos registrábamos y nos recibieron con una "moneda" como un promocional de esa empresa. Nadie sabía la relación hasta que poco a poco comenzaron a darnos pistas de lo que se venía. En un momento comenzaron a deleitarnos con la mejor comida y bebidas gourmet. La música estaba a tono con el concepto y de repente comenzaron a germinar una serie de personajes de circo y otros venidos de la galaxia. La gente se relacionaba y al mismo tiempo se deleitaba; ¿existían negocios? Plenamente que sí. Todos queríamos hacer conexión con esta empresa, con las personas que fueron detalladamente escogidos para asistir a la cita en todo un entorno de ánimo y embriaguez sutil del ambiente. Seguían pasando las horas y claro los invitados esperábamos con intriga y algo de misterio como iba a subir el clímax de la noche. Nadie se movía, nadie estaba aburrido y nadie se sentía observado. Tampoco nadie sentía coerción ni le estaban juzgando. Todo lo contrario, todos éramos cómplices y encubridores de lo que estaba aconteciendo. Una noche de glamur de una de las empresas líderes del mercado y todos humildemente estábamos aprendiendo del porqué habían llegado a su sitial y asentando la cabeza nos mirábamos como diciendo "con razón son lo que son…. No escatiman. No se excusan, para que pobreza si existe riqueza de corazón, de criterio y de mucho esfuerzo. Transcurrían las horas hasta que de repente subieron al escenario algunos ejecutivos y principalmente el CEO de la empresa que se dirigió a todos los presentes NO con un libreto coartado sino con una idea general, pero con todo el espacio de brillar y de improvisar. Los presentes escuchábamos de él un hombre altamente elegante y que la mayoría le teníamos admiración y algo de envidia por la suerte que había gozado, tal vez de herencias o una ayuda de sus progenitores. La velada estaba quieta, suspendida todos pasmados escuchando al alto directivo de Latinoamérica, joven, brillante y penetrante, hasta que este se remontó a los primeros años de esta multinacional y de cómo nació y como floreció. Todos nos dimos cuenta de que no era herencia, era arduo trabajo, mucha apuesta al éxito y todo el aurea de creencia en que iban a salir a flote, jóvenes que en los años 90 vislumbraron un emporio y aquellos niños grandes lo lograron y nada les fue regalado. Muchas anécdotas florecieron y existían de repente dos figuras que se evidenciaban fueron los mentores de este gran roble de ejecutivo.

Uno de ellos era un extranjero del norte y otro era nada más y nada menos que el tío del CEO. Uno de ellos sin duda influenció más que el otro en aquel súper dotado ejecutivo, que ya todos sabíamos que se había alimentado de muchas vitaminas y de encimas de esfuerzo y mucha chamba. Aquel CEO invita al tío y en unísono mucha gente alardeaba su presencia, el mismo que se arrimaba a no subir al estrado hasta que lo logran convencer. Una persona diferente brilló en escena y todos sabíamos que él era más grande que aquel CEO de 1.90 metros de estatura siendo más bajo sin duda y comenzó una de las historias más impresionantes y bellas que había escuchado en la Ciudad de México. El tío le había dicho a aquel muchacho que estaba haciéndose cargo del negocio de A a la Z, desde barrer hasta registrar inventario, negociar con proveedores e inspirar a su equipo que nada era más importante que TOMAR DECISIONES y que no vacile en tomar decisiones pues postergaba el avance de todos los que le reportaban y dependían de él. A tal punto que nos deleitaron indicando que fue tan cala huesos la retroalimentación del tío que sacó una moneda en ese entonces y le dijo y cuando dudes o dubites lanza esta moneda y lo que el sello o la cara representen, toma en firme esa decisión.

Inmediatamente todo tenía sentido en aquella noche, los aplausos no paraban, miradas y gestos de júbilo al punto de casi sacar las lágrimas de los presentes, todo. La moneda que nos habían dado a todos los presentes, el éxito que habían alcanzado, la determinación de esos ejecutivos y de su marca, todo tenía sentido y concatenación. Y claro la intuición que implico tomar decisiones acertadas más allá de un análisis por parálisis que muchos estábamos acostumbrados por querer tomar decisiones perfectas y sin riesgo se apoderó del ambiente.

La enseñanza no paraba pues todos seguían dialogando de esa intervención y todos aprendimos que lo que le quiso decir el tío al CEO fue que tome decisiones guiadas por la percepción. Que solo él iba a tener esa dura tarea de ver más allá de los números fríos y de las ensenadas de los procesos y experimentos de laboratorios. Que su sexto sentido iba a gobernar el presente y futuro de tantas familias. Y nos dimos cuenta de que por algo ese ejecutivo seguía divirtiéndose y gozando de lo que hace pues sabía la receta del éxito en dos palabras, decisiones decisivas.

Sin duda reafirmé lo que siempre pensé que por más que analices la situación es peor no tomar decisiones a que tomes una medianamente acertada. Tampoco se trataba de ser de adivinos y lanzar siempre la moneda pero que vayas aprendiendo de las experiencias y vayas refinando ese arte de ver detrás del velo de la "verdad" y que seas cada vez más y más arriesgado que el resto. Solo tú podías hacerlo ya que el resto no iba a darse ese lujo.

Llega un punto en tu carrera que si no tomas decisiones estás poniendo tu cabeza cada vez más cerca al horno. Nadie va a esperar excusas o buenas razones de por qué no lanzaste un producto a tiempo y la competencia si lo hizo, o por qué no pagaste a tiempo la nómina en vez de dejar a la gente resentida varios días sin salario, en vez de endeudarte en el banco sin dubitar y así podría poner N ejemplos de la importancia de una visión holística del entorno para promover arriesgadas bifurcaciones para seguir avanzando, cuidando principalmente los activos de la compañía.

En el 2010 en pleno proceso electoral de un país latinoamericano conocí de un ejemplo claro y evidente de la diferencia de tomar decisiones en el momento adecuado y con mucho riesgo. Ese ejecutivo tomó una decisión híper arriesgada con total intuición y pocos datos, pero eso hizo la diferencia de registrar uno de los negocios más grandes en one shot de toda una marca internacional. Faltaban 5 meses para arrancar el proceso electoral de impresión de papeletas de votación, padrones electorales, certificado de votaciones y demás documentos electorales. Esos documentos electorales no son documentos en su gran mayoría fijos, sino cuentan con datos específicos de las juntas de votación, recintos, mesas electorales y demás documentos personalizados de cada uno de los electores. Se sabía que la empresa a quien representaba ese ejecutivo estaba acreditada de desempeñar exitosamente ese proceso ya que lo había hecho varios episodios atrás, pero también había dos proveedores más que tenían la experiencia de ejecución. Era un panorama para competir, pero sin nada de certeza. Los días pasaban sin que aquella institución declare un concurso o genere los pliegos de la licitación; al mismo tiempo ya la población de aquel honorable país estaba notificada del día del sufragio. Llegó un punto en que no había certeza de nada más que la campaña seguía avanzando y los partidos políticos seguían alardeando de sus propuestas. No existe un día más cívico que el día de sufragio en las economías democráticas y no cabía duda de que se iba a ejecutar.

De vuelta a esa empresa existía experiencia, modelos de software probados, relación en la cuenta, una excelente vendedora y técnicos genios de renombre que sabían la receta; pero faltaba material que debía ser importado, calculado, suministros de distintos colores y sabores y muchos engranajes que se entrelazaban como partes, repuestos, maquinarias, tipos de papel, gente, sistemas, personal en varios turnos y lo más importante el ganar el negocio antes de hacer esa mega inversión y sin duda la confianza y decisión de la empresa de aquel ejecutivo, sus jefes corporativos que no entendían mucho del entorno. Algunos de ellos podían apoyar, pero no jugaban su cabeza hasta que no existiera algún documento habilitante. Pasaban las semanas y se estaba tornando peligroso para el país el no generar pliegos y peores decisiones.

Entonces cuando nadie hacía nada más que lamentarse y elucubrar el mundo ideal, aquel ejecutivo tomó la decisión más importante de la vida empresarial de su afiliada a quien representaba y resolvió importar todos los insumos necesarios para potencialmente producir los millones de documentos electorales en menos de un mes; pues ya faltaban menos de 4 meses para el cívico día. El cliente no se comprometía por supuesto en nada y peor aún su corporación. En una junta de operaciones de aquel negocio tenía mucha gente que daba la vida por producir ese negocio y les flameaba su mirada por verse acreditados para servirle al país y registrar un negocio lícito y valioso para la empresa. De repente ese ejecutivo, el líder de la organización con sus escasos 36 años decidió importar equipos, materiales y demás insumos que ascendían a varios millones de dólares sin tener el negocio bajo el brazo. Sin chistar respiró y dijo a los presentes "importen todo". Todos enmudecidos admiraron al ejecutivo, pero nadie quería estar en sus zapatos.

Transcurrieron los días y semanas y aquel cliente viéndose acelerado de lanzar un concurso lo hizo y esta empresa que había tomado esa decisión con intuición y atrevimiento mayúsculo era la única que podía cumplir las fechas requeridas de importación, arribo, entrega, instalación y puesta en marcha de la solución en el plazo requerido. Aquel día los ejecutivos celebraban todos sin cesar lo más importante, más que el negocio. La decisión que les llevo a realizar el negocio. Esa decisión marco un antes y un después en el círculo selecto de aquellos obreros tecnológicos y trabajadores pujantes.

Recuerda tu enemigo más grande no es tu competidor más voraz, ni tu jefe con su "poder", ni tu organización que va a 10 por hora o tu producto que siempre le falta algo más. Tu enemigo eres tú. Tu miedo y tu falta de decisión. Miremos hacia adentro.

El 80% de las grandes decisiones empresariales han sido inspiradas por el corazón. Es decir que vinieron de la intuición y no de lo racional. Confía en tu olfato y que las corazonadas gobiernen tu éxito.

Cuenta una historia desarrollada por los años 90's sobre un dialogo muy particular que se originó en una playa en un día muy soleado y esplendido. Una familia entre tantas estaba disfrutando del maravilloso mar caribe en pleno verano de Julio. Se veía a la esposa muy bella escampando del sol con una vista espectacular, tenía al frente un mar color turquesa con una arena pálida y suave, más que talco que uso algún día en la delicada piel de sus bebes, una deliciosa cerveza helada en su punto la cual deleitaba pausadamente, su hija adolecente se encontraba cerca de ella más sin embargo muy concentrada en una lectura intelectual poco usual para su edad. A lo lejos estaba el marido un empresario de primer mundo chapoteando en el agua con sus hijos menores suspendidos todos en sus juegos con su intrépida mascota. De repente el marido se inca para sentir el agua en su remanso mientras los polluelos descansaban de la chacota y de repente desde el fondo de su corazón surge una voz simpática, amigable, pero con una pregunta difícil, desde el fondo de su corazón dice esa vocecilla simpática pero difícil... ¿estás contento? Si si que lo estoy responde ese hombre, entonces mira detenidamente a tu alrededor, ¿quién eres tú?, preguntó el hombre, soy el demonio y tú no puedes estar contento, no puedes, pues sabes que más tarde o más temprano la tragedia puede irrumpir y desequilibrar tu mundo, el que estás viviendo ahorita, extiende tu mirada en tu entorno, cuidadosamente y entiende que la virtud es apenas uno de los lados del terror y el demonio comenzó a mostrar todo lo que está sucediendo en la playa, él como el excelente padre de familia que hace pocos momentos estaba recogiendo los juguetes y vistiendo a los niños, al que le gustaría tener una aventura con su secretaria pero no se atreve por miedo a la reacción de su mujer, la esposa que le gustaría trabajar y ser independiente pero no se atreve por miedo a la reacción del marido, los niños que se portan bien por miedo a los castigos, la jovencita que está más allá y que está leyendo un libro sola en la otra sombrilla fingiendo una displicencia cuando en lo más hondo está aterrorizada con la posibilidad de no encontrar nunca el amor de su vida, el viejo que no fuma ni bebe afirmando que así se siente con más energía para todo, cuando lo que sucede en realidad es que el terror a la muerte le susurra constantemente cosas al oído como el viento, por allá la pareja que pasa corriendo, salpicando en el agua de la orilla, la sonrisa en los labios y su terror encerrado bajo siete llaves, terror de hacerse viejos, terror de perder el atractivo, terror de depender de otros, más allá un hombre que pasa y para su lancha a la vista de todos y saluda con la mano, sonriendo, moreno, carcomido por el miedo de perder su dinero y belleza en cualquier momento. Terror en cada una de esas personas en la bonita playa en un atardecer de dejar con la boca abierta, terror de quedarse solo, terror de la oscuridad que puebla en la imaginación de demonios, terror de hacer cualquier cosa que se salga de las buenas costumbres, terror del juicio de Dios, terror de los comentarios de otros hombres, de otras mujeres, terror de la justicia que castiga a cualquier falta, terror de la injusticia que deja a los culpables en libertad para hacer más daño, terror de arriesgarse y perderlo todo, terror de ganar y tener que convivir con la envidia, terror de amar y ser rechazado, terror de pedir un aumento, de aceptar una invitación, de ir a lugares desconocidos, de no conseguir hablar en una lengua extranjera, de no ser capaz de impresionar a los demás, de envejecer, terror de morir, terror que sus defectos llamen la atención, de que sus virtudes no llamen atención, terror de pasar de pasar desapercibido al no llamar la atención ni por sus defectos ni por sus cualidades. Espero que esto te haya dado algún consuelo, al fin y al cabo, ya sabes que no eres el único que tiene terror y que no puedes dejar de tenerlo por más que lo intentes dijo el demonio. Por favor no te vayas sin escuchar lo que tengo que decir respondió el hombre al demonio, tenemos una facilidad asombrosa para detectar dolores, remordimientos, heridas o terror que es lo que a ti te gusta, es de lo que me estás hablando le dijo el hombre al demonio, pero hace tiempo dijo el hombre mi padre me contó la historia de un manzano que estaba tan cargado de manzanas que no conseguía dejar que sus ramas cantasen con el viento, alguien que pasaba por ahí le preguntó por qué no intentaba llamar la atención como hacían el resto de los árboles, el manzano dijo mis frutos son mi mejor propaganda; es verdad que no tengo ninguna diferencia tan grande y ninguna otra cosa diferente a la de todos los demás que me has dicho en esta platica y que mi corazón alberga también muchos miedos, pero a pesar de todo los frutos de mi vida y mi trabajo hablan por mí y aunque un día pueda suceder una tragedia aunque un día pueda perderlo todo, sé que no he dejado correr mi vida sin arriesgar y así el demonio verdaderamente decepcionado se fue a intentar asustar a alguien más débil en aquella playa…

A la larga las mejores cosas para ti están del otro lado del MIEDO de tus MIEDOS. Nunca pares de arriesgarlo todo….

¿Ética? preceptos y acción

> *...Todo está perdido cuando los malos sirven de ejemplo*
> *y los buenos de burla...*
> **Demócrates**

Sabes que existen reglas y sabes que muchas de ellas no tienen opción a saltarse por que forman parte de los cimientos con los que fue creada la marca que representas. Quizá una de ellas y crítica es el código de conducta en tu empresa. Ese código de comportamiento que marca límites entre tu concepto de hacer negocios vs. con lo que la empresa busca dentro de los cánones de auditorías y vigilancias mundiales.

Por ejemplo, el hecho de sopesar el recibir un regalo comprometedor y que sabes que no es correcto o solo aceptar un promocional normal de la marca que no te compra en ningún sentido, es una disyuntiva que plantea ese código de ética. Aspectos como tratar a tus empleados de forma respetuosa sin discriminarles en ningún sentido y claro tampoco sin dejarles de exigir, también lo es. Registrar los negocios que dictan las leyes de contabilidad evitando cualquier intento de soborno, cuidar el buen uso de los activos fijos, resguardar la información confidencial y clasificada, evitar los conflictos de intereses que te lleven a no ser objetivo, generar compras a un precio razonable y con la mejor garantía sin afectar en nada a tu empresa y promover relaciones en buena lid con tus proveedores de forma correcta sin comprometer la reputación de tu compañía, son ejemplos regulados por los códigos de conducta de las organizaciones.

Estos reglamentos de las instituciones son parte vital de las empresas; solo así podrían sustentarse los negocios, las carreras de las personas, la reputación, el aporte a la sociedad a largo plazo, el valor de la marca, entre otros. Si se rompen estos cimientos, la empresa que representas podría seguir lucrando, ¿pero a qué precio y hasta cuándo? transacciones fraudulentas o prácticas que te dejarán como cómplice de abusos a terceros. Este tipo de modalidades caería en mero mercantilismo y a pesar de los resultados que obtengas en el corto plazo pondrían desaparecer tu respetabilidad y carcomería tu marca a largo término.

Una gran parte de las empresas se esfuerzan en desarrollar y promover una cultura de ética en los negocios en todos los niveles de la organización incluyendo la participación de los socios proveedores o de los distribuidores. En ese sentido se imparten cátedras regularmente para que, si dudas NO lo hagas, a fin de cuentas, en eso se resume la esencia de esta legislación.

¿Qué es la ética? Es muy efímera, muy cambiante de persona en persona, de diferente color, depende de ti como individuo, de tus convicciones de lo que te impartieron en la escuela, pero por sobre todo lo que te dejaron como legado tus padres, no depende de estrato social, ni depende de razas ni de sentimientos ni de postgrados ni de seres letrados o ignorantes. Por eso las empresas cuidan que esta se cuide en todo sentido.

La presión de cumplir las cuotas, la envidia, la competitividad, la presión de deudas, los intereses ocultos, los intereses económicos, la avaricia, los enredos, las avenencias de los seudos bandos, el insano poder generan dentro de las empresas un cúmulo de extravíos que si no se cuidan devastarían para siempre tu institución y la sociedad en general; es por eso que nadie se gradúa de ético. Puedes ser ético ahora y mañana no. Así de crudo, o pudiste ser siempre ético y mañana dependiendo de tus circunstancias no serlo.

Solo el fortín que habrán dejado tus cimientos parentales podrá ayudarte a discernir lo que vale o no la pena. Es crítico que siempre estés pendiente de no caer en la tentación de hacer lo necesario para hacer caso omiso a cualquier acápite y es crítico que cuando estés en la disyuntiva revises el código y hables con alguien de tu familia y/o tu jefe para esclarecer las dudas y no accionar incorrectamente.

Lo crítico no termina cuando tú tienes que frenar a raya ante una fatal seducción; lo retante es diseccionar la situación cuando se trata de tu equipo o de tus jefes. Ahí es donde las empresas tratan de guiar a sus colaboradores indicando que existen formas de regular y de denunciar alguna anomalía que no se te haga lógica y que le está afectando a tu entidad.

Estamos de acuerdo que muchas afectaciones podrían impactar en juicios laborales por discriminar a tus empleados o aspectos de daño moral sustanciales como acoso de cualquier tipo, malversaciones contables que afecten los estados de resultados de tu empresa, o el simple hecho de bloquear por pugnas internas el desenvolvimiento normal y acucioso de los negocios. Todo esto le afecta a tu empresa hasta un punto de lastimar su reputación, la fama o el precio de una acción en Wall Street. Cualquier descrédito que implique un escándalo podría devastar tu bien ganada marca en micras de seguros y que los capitales rimbombantes o escasos salgan despavoridos ante un síndrome de impunidad empresarial.

Estamos viviendo momentos globales donde cualquier mala fama o descarado desacierto no se quedan entre las sábanas de los corredores de tu empresa, sino que trasciende a niveles insospechados penetrando las redes sociales en nano segundos; sino te pongo un ejemplo, bastó observar lo que pasó en esta última contienda electoral tras la anhelada casa blanca. En el 2016 Uno de los candidatos ha sido desplomado por la opinión publica pues supuestos comentarios discriminatorios racistas en contra de los vecinos limítrofes se hicieron sin chistar, también por acoso sexual a mujeres de toda clase social e infames mofas en contra del sexo femenino. Esto casi le cuesta su carrera envanecida a uno de ellos hacia la morada presidencial. Tampoco la dama de azul ha quedado librada con sendas denuncias de manipulación informática de más de 3 docenas de miles de correos electrónicos que nadie logra comprender y según las fuentes quiso socapar o solapar dentro de su partido las prácticas demócratas del monarca de turno.

Es evidente que ya la sociedad no es inmune al pantallazo de sonrisas de las figuras de alto nivel sin juzgar su comportamiento mezquino e hipócrita ante la sociedad; pues hace un menoscabo de su imagen restando drásticamente su popularidad y lo que es peor su autoridad y ejemplo para dirigir un conglomerado como un país, una familia o una empresa. Ese ejemplo que es clave para seguir plantado a largo plazo se ve fisurado para siempre por esas impurezas que jamás debieron haber sido cometidas si querías ser alguien trascendente. El hecho de ser ético no significa ser infalible, pero al menos debe quedar claro para los subordinados que vas a ser respetable, aunque no seas amado. Los líderes y altos ejecutivos pueden cometer grandes errores, pero NO de ética, pues ponen en riesgo a su marca, los resultados, los adeptos, su equipo y lo que es peor su honorabilidad y por ende la del emblema que representan.

Supongamos esta situación hipotética a):
Lo grave y decepcionante es cuando se tiene que legislar hacia arriba, les suele costar municiones y costosas provisiones por mancuernas creadas entre sedosos ejecutivos, por argollas conformadas en décadas de pacto, o por saberse secretos mutuos que les compromete y amenaza a los círculos de poder o porque no les conviene desterrar esas prácticas que incluyan indemnizaciones millonarias, o porque temen ser vulnerables de la angustia de ser culpables en parte de la cadena de las infracciones. Lo cierto es que de forma extraña aquellas instituciones pocos conocidas, emblemáticas, antiguas o jóvenes; pero en sí de capitales privados a veces escondan en sus trincheras a sus enrolados por causas ocultas y que desmientan todos sus parámetros de transparencia y claridad esculpidos por largas generaciones de próceres.

Supongamos esta situación hipotética b):
¿Qué son acciones inapropiadas? ¿Solo las actividades comprobadas o fabricadas de la ausencia de ciertos ítems en el inventario de sus bodegas? O un faltante en bancos o caja chica, o un soborno, o cuando un empleado transfiere datos de contratos por vencerse a la competencia o ¿por qué parte de la corte celestial ha abusado de su poder para discriminar vidas o poner barreras y ladrillos de acero más grandes y difíciles de penetrar que la misma competencia podría imaginarse instalar cerca de las áreas de creatividad y verdes de la empresa? Todas estas son inapropiadas y reducen la reputación de las instituciones.

Supongamos esta situación hipotética c):

Muchas veces se piensa y se estudia largos años para estratégicamente idearse planes que contrarresten los avances de los competidores a territorio de las empresas o lo que es metafóricamente adaptable ahora mismo, cuando las tropas enemigas avanzan a bases de los aliados poniendo en riesgo la vida y mantenencia del territorio. Es evidente que durante años los principales dolores de cabeza para los estrategas de las guerras eran los enemigos o competidores u opositores. Pero qué pasa cuando dentro de las filas existen mariscales que amordazan la abstracción del triunfo y que boicotean con veneno mortal y oculto parte de las tropas del mismo bando. Ni cientos de alfiles contrarios podrían hacer más daño que el engaño y confusión de las líneas aliadas. ¿Entonces quién es más dañino? ¿Las tropas enemigas o los comandantes de lo absurdo que por envidia interna o simple estupidez te pone las trabas a diario para que no avances en la operación de los negocios? Esta es la más grande mentira y saqueo del medio empresarial pues se ha comprobado que a más de quitarle a diario los ingresos y la rentabilidad van lastimando de frustración a la gente que añora instalar una bandera de conquista en el terreno a disputar. Ese avance en retroceso orquestado por la parafernalia de los descartables líderes son motivo de la peor corrosión del metal más precioso de las empresas.

Supongamos situación hipotética d):
Y cuando absorto, comunicas las posibles irregularidades, partiendo que intentaste de mil formas parar esa barbarie en vía pacífica, pero la con hidalguía que te caracteriza, las empresas manejadas por incompetentes de cuello blanco se entrelazan tratando de extirpar la cura y dejar viva la infección y no la proteína para evitar seguir comiendo presas frescas y todo lo que es ética se vuelve inversamente proporcional lo que pensaste; es decir que se desvanece

a medida que los culpables son los que manejan las altas esferas, seres inertes que se las pasan haciendo presentaciones y encerrados en sus cuevas. Si lo que piensas implica que coherentemente y con coraje se poden las ramas de las mal crecidas hojas dentro de los campos de las empresas, solo los bravos de espíritu y los que no tienen pecados mortales o adeudos cuantiosos lo podrán hacer, caso contrario podrían confabular una burla y una emboscada para no inmunizar al cuerpo y dejándolo sin la parte que no era de mutilar. Solo ahí sabrás hasta donde es retórica o es real lo que se promulgaba en los pergaminos.

Supongamos situación hipotética e):
Ser indisciplinado en la época del colegio no significaba ser NO ético. Era ser contestatario pero lo que, si era lógico de catalogarlo como no ético en esa temprana edad, era cuando en forma encubierta trataban de dejarte a un lado de una tarea grupal o simplemente salías de los grupúsculos por que la hipocresía triunfaba en contra de la sana amistad. Esos amigos que de la nada te desconocían de la penumbra al amanecer. Todos esos comportamientos lamentablemente siguen existiendo en algunas empresas y solo los líderes de barro podrán en conjunto con sus mentores sacar partida positiva y excomulgar a estos comportamientos legislando con el ejemplo y no cometiendo más inconsistencias que por más que parezcan no ser rastreadas más tarde o más temprano se vislumbrarán sus equivocaciones.

Supongamos situación hipotética f):
Y si están extintos estos líderes ¿qué más esperabas de esos de los desechables que buscan siempre vivir complaciendo a los niveles superiores, olvidándose de los niveles inferiores, de enseñar con el ejemplo, de inspirar, de sus clientes, de crecer el negocio sanamente,

del mercado? Esos temerosos comprometidos hasta la manzana con el sistema, templereques de salir de lo que les enquista e incrustando un saludo a la bandera de sus principios empresariales.

Supongamos situación hipotética g):
Pero tú que te valoras, que te valora el mercado y que tienes convicciones irrenunciables e innegociables debes seguir con tus preceptos. ¿Qué más vale una jaula de platino o la libertad de un sendero sencillo? Piénsalo no hay más valioso en ti que tu honor, tus principios tu ser. Ni el dinero más grande o el trabajo más endulzante o los títulos alcanzados o por venir valen más que tu insignia de señor. Ahora que sabes lo que te puede suceder tras las bambalinas del código de comportamiento, te toca a ti seguir haciendo valer a tu marca, tu historia, tu ser y contigo tu valor como profesional y comunicar sin chistar lo que está mal en las entrañas de tu empresa.

Supongamos situación hipotética h):
Cuando uno trabaja apasionadamente en una empresa, dices tú empresa. No es tuya, es prestada, Pero luchaste como tuya en el principio y en final. Qué la historia te juzgue. No pares jamás. No intercambies paraísos por caminos de esfuerzo y de espinas, seguro que será más fructífero y podrás caminar sin deberle nada a nadie en las espinas que en los oasis de mentiras. Principalmente a tus generaciones no les deberás nada, pues sabrán que no negociaste con su apellido.

Las empresas de hoy en día deben obtener la lealtad de sus clientes y de sus colaboradores. No basta con tenerlos satisfechos. Tu marca identifica a tus empleados, clave para mantenerlos enganchados y orgullosos de pertenecer. Si tu marca no inspira, se moverán a otra hasta sentirse representados.

Tus empleados deben tener un plan de carrera avizorado y alcanzable. Discutido y con avances.

Y que los productos y/o servicios que comercialicen tu gente sean confiables, que sientan la tranquilidad que van a cumplir con los ofrecimientos hacia tus clientes y/o distribuidores. Sin duda una empresa ética atrae y mantiene talentos.

La marca es un tesoro, cuídalo de cualquier escándalo. Es un Imán que atrae talentos o los repele, por esa abstracta simbología, por ese anhelo imaginario tu gente sigue luchando guerras. ¡No los pares!

Muchas marcas honrosas han sido para muchos esa emblemática causa para librar batallas diarias. Esa misión que no se logra entender, que significa compromiso del más natural, ese que no lo obtienes con premios ni amenazas.

Cuando tu equipo apasionadamente sude la camiseta con honor pertinaz, habrás dicho que tienes una marca legendaria y sabrás también cuidar a esa plantilla que vale oro.

La ética no tiene precio al igual que tu apellido y tu historia. Comunica valientemente siempre todo atropello como lo dijo un prócer afroamericano, pese a las consecuencias. El redito y la libertad vendrán luego.

¡Si existen puntos de honor e ideales!

"La injusticia en CUALQUIER PARTE es una amenaza a la justicia de cualquiera. Martin Luther King".

Mente Virtual

La tecnología es tan avanzada,
que hasta por el internet te rompen el corazón
John S. Bullarths

La mente intuitiva ha sido causal de muchos negocios. ¿Te hubieras imaginado que existan tantos desarrollos que ha logrado el ser humano solo con interconectar necesidades, con procesos tecnológicos y distintos canales de uso? Estos desarrollos llegaron y cambiaron la forma de ver la vida y no hay marcha atrás.

Simplemente ya no se concibe la vida sin la utilización de estas máquinas o más bien dicho sin utilizar los iconos y apps que nos impusieron estos jóvenes genios.

Todo se remonta a la prehistoria. El ser humano siempre utilizó insaciablemente simbologías, cuando llegas antropológicamente a remontarte en la forma de comunicación, de sobrevivencia y de comercialización de nuestros ancestros, sabes que todo se conjugó con la forma más simple de tasar los acuerdos de aquellas épocas y era a través de la tecnología. Esa tecnología siempre habitó en nuestra mente y fue disgregándose en inventos que confluyeron en nuestras neuronas virtuales.

El ser humano antes no tenía lenguaje; es decir debía obtener resultados de sus impulsos y necesidades de nervios y conexiones e ingenio que se iba creando con los algoritmos de la mente y de sus neuronas de forma natural. La necesidad de crear herramientas de piedra, de metales, de madera para así vestir, cazar, habitar y construir imperios fueron ideas que se plasmaban en aspectos físicos. Luego al pasar de un buen tiempo esos inventos se convertían en aspectos normales de la cotidianidad y la población los aprovechaba, los usaba, los reciclaba. Continuaban las necesidades de calor, de movilidad, de ambientación, de alimentar a más personas y de ir construyendo más rutas donde viva la población. Entonces esas neuronas construían más prototipos que pasaban por varios test hasta conseguir productos finales. Por supuesto la era del metal paso entonces por muchas mutaciones hasta la invención de energías como la del carbón hasta llegar a descubrirse la electricidad, el primer auto, formas de producir en serie, también la telefonía, materiales más fuertes como el acero, la televisión, etc.

Se acentuó la era de la industrialización que vino acompañada del fluido más preciado, el petróleo y todo seguía abrumadamente creciendo. Nuestras mentes que siempre fueron virtuales construían materiales, productos, energía, grandes ciudades, cosechaban más artículos y empezó luego el ser humano habiendo ya satisfecho la mayoría de las necesidades básicas, de confort y de diversión a construir la nueva era de las empresas.

Las empresas fueron tomando forma y arquetipos de imperios, puesto que conjuntaban a muchas personas, siguiendo objetivos comunes haciendo sinergias para conseguir los resultados de forma más acelerada y con mejor visión que individuos o grupos informales. De repente el mundo estaba repleto de empresas que se formaban en los focos más desarrollados del mundo entre Norte América, Europa y Asia. Estás fueron conquistando el mundo fuera de sus muros llegando a surtir sus productos y servicios a nivel internacional. El ser humano seguía soñando y diseñando más sofisticados productos que seguían satisfaciendo casi las mismas necesidades, pero de manera más rápida y sencilla; no necesariamente a un menor costo. Y esos productos comenzamos a llamarlos "tecnologías"; de forma errónea pues la tecnología existió siempre.

Nuestras mentes virtuales fueron engañadas por el marketing de las empresas en el cual nos decía aquí está "la primera tecnología no mecánica al 100%"; es decir con los primeros genes electrónicos. Esas máquinas que tenían un cierto nivel de circuitos electrónicos, semiconductores, mezclaba la lógica ancestral, el álgebra griega y una incipiente programación. Nosotros anonadados como sociedad comprábamos llenos de ilusión la primera clase de tecnología pura; ya que, a más de facilitarnos nuestra vida, manejaba información, cálculos y podía ordenar datos. Olvidándonos que no iba a ser el primer ordenador ni el último, sino que era una secuela de sus primeros milenarios ascendentes como el "Abaco" que existió hace más de 2500 años A. C. o los primeros algoritmos probados de cálculo inventados antes del primer milenio D. C., o la pascalina inventada por 1600 D. C. en Francia, o las tarjetas perforadas inventadas también por franceses antes de 1900, etc. Pero nuevamente la mente virtual se quedó pasmada de tanto desarrollo que aceptó esas tecnologías como "ajenas" y comenzó a adquirirlas, utilizarlas y a depender de ellas de forma incremental. Pero siempre sabiendo que fue producto de nuevas y virtuales mentes que diferían de las analógicas que la gran mayoría carecía.

En los 70's había grandes jugadores como los gigantes de azul, que se entre mezclaban con jóvenes millenials de esa época; locos genios desenfadados descendientes de todos los mencionados, hermanos de civilización, pero con menores recursos económicos y mayores excéntricos sueños. Estos mercenarios de California crearon entre otros inventos: la primera computadora personal y el primer sistema operativo con el cual esos artefactos podían funcionar de forma unificada entre un grupo de personas. En ese instante de los años 1970 se trazó una raya profunda, la revolución llamada "informática" que difería de la revolución industrial en algunos aspectos. El más importante fue el aprovechamiento del uso de la información y la intuitiva manera de masificar el uso de esta tecnología. Muchos fuimos usuarios de tanta maravilla aceptando que ya esa tecnología era nuestra o prestada, pero que convivía con nuestras yemas y copaba nuestras miradas, habitaba en los curules de las oficinas y en los propios escritorios de casa. Pensábamos en pronto llegar a la oficina disipando obstáculos para prender el computador y trabajar. Lo raro de esto era que el trabajo estaba casi siempre afuera para lograr vender productos y servicios de donde pertenecíamos.

Se empezó a crear cargos para manejar más computadores. Paradójicamente se inventaban carreas tecnológicas para manejar aquellos artefactos y aquellos programas construidos en su gran mayoría por gente que nunca se graduó en esas cátedras. Poniendo a prueba nuevamente nuestra ingenuidad, tratando de educar la mente análoga para que se vuelva electrónica y repleta de nuevas tendencias. Las mismas que iban a pasar de moda. Muchos adoraban a sistemas que ya no existen ni las huellas tratando de encajonar la idea grandiosa de programar con comandos y con la lógica que a alguien se le ocurrió.

Transcurrieron los años en donde las máquinas se volvían más avanzadas y electrónicas. Pero el software que son las ideas puestas a prueba de computadoras crecía a un nivel más veloz que los circuitos y los piñones. A pesar de que los cirquitos se volvían más pequeños y desafiantes el pensamiento virtual del software era imparable. Los sistemas ya no servían a solo computadores aislados sino a la conexión de estos y es ahí donde todo cambio puesto que ya no eran aparatos inertes conectados a la luz eléctrica sin vida artificial, convirtiéndose en redes de ordenadores, comandándolos en masa. En esa fugaz intermitencia algunas empresas se quedaron para la historia viendo pasar "los ceros y los unos" y estancándose por no retar su mente virtual.

Pero en muchas, la mente seguía creciendo en proporción a las máquinas y el Software se apoderaba de las oficinas y de los negocios; sin embargo, había que crear algo más trascendente que el pensamiento individual o de grupos; tenía que ser holístico para abarcar más usuarios sin importar el estrato y así abaratar la forma de consumismo en información. Y fue en una base militar donde se originó la red más grande del mundo pasando de la milicia y convirtiéndose en el internet; más sin embargo la mente virtual del ser humano la puso al servicio civil 7 años más tarde, creando el hipertexto World Wide Web (www), la nueva manera de interactuar globalmente. Entonces el ser humano seguía probándose que a medida que maduraba como civilización los inventos iban transfigurándose de máquinas a comandos de ideas y prototipos de la mente virtual y se creó la nueva revolución de las telecomunicaciones. Entonces las computadoras que eran nuestras amigas de la conexión le cedieron el paso al teléfono. ¿Al simple teléfono? Algunas empresas que creyeron que estas diminutas y negras criaturas iban durar poco sin evolución, seguro pasaron a ver las pérdidas de sus ventas en gran magnitud por descuidar su mente virtual y seguir pensando en carcasas y en tornillos. Esas tecnologías celulares hoy en día prácticamente se han apoderado de los computadores y de nuestras vidas, reconfirmando que la mente virtual puede más y más en este mundo físico. Lo que algunos intrépidos crearon para comunicarse remotamente, el genio de Steve Jobs lo enriqueció y edificó lo que hoy en día son los smartphones poniendo a prueba su legado que muchos no confiaban.

En toda esta historia desde 1970, debemos recalcar que han pasado 3 generaciones. Cada una de ellas con un pensamiento más avanzado - digital y más complejo que la antecesora. En donde nuestra sobrevivencia sin duda está regida por varias incógnitas ya despejadas como la alimentación, el deporte, hablar dos o más idiomas y está sin duda el despejar y conocer cómo funciona la incógnita del mundo digital hacia el futuro.

Sin conocer el mecanismo de despeje de esta fórmula puede que sobrevivas, pero un mal movimiento podría extinguirte como empresa, como individuo y como familia.

Ya no podemos vivir sin máquinas, pero lo que es peor no podemos vivir sin software y lo que es una pesadilla es estar desconectados. Las máquinas por su puesto estas pequeñas no sirven sin el alma que es el software. Pero, aunque tengan alma de nada les sirve si no pueden interactuar con el mundo y el ambiente exógeno. Lo que antes era una convivencia endógena con ordenadores, tuvo que trascender a redes para productivizar a las empresas en silos y hoy tiene que convivir con la sociedad para sacar provecho de todo. Ahora bien, ya hemos pasado de época y no nos damos cuenta. Puesto que el mundo ya está interconectado estamos viviendo la época de las aplicaciones. El internet ayuda en mucho, pero sin la mente vertiginosamente virtual no se puede abarcar la mayoría de las posibilidades que tenemos desde que nos despertamos.

Y es en esta nueva era de aplicaciones, nuevas relaciones e interacciones donde no puedes quedarte atrás pensando que lo tuyo es tu profesión o tu negocio. Por ejemplo, sabías que algunos doctores podrían quedarse sin trabajo en un mediano plazo, ya que existen planes de crear nuevas plataformas que recetarían curas a diagnósticos menores. Empresas como Uber han venido a revolucionar la forma en que ahora nos transportamos y vemos la movilidad. Pasando de la añoranza de tener un automóvil a la época donde podrías solo utilizar tu bólido los fines de semana. En ciudades tan grandes y complejas como La Ciudad de México. La movilidad es todo un tema, que pasa por la puntualidad que podrías llegar a un lugar, sin contar con contratiempos de embotellamientos, o por el hecho de la seguridad y la incomodidad de buscar en un día lluvioso transporte o el hecho de estacionar los coches que te generan más tiempo del programado. Y qué pasa si chocas o sufres un contratiempo mecánico. Muchos millenials no piensan en coches por necesidad sino por disfrutar de un paseo fuera de la ciudad, entonces solo este cambio de cultura podría afectar en la producción de autos, de toda la cadena, porque incluso ahora hay transportación de pool, un auto sirviendo a 4 diferentes clientes al mismo tiempo en la misma ruta en un momento del trayecto, con algoritmos inteligentes que no les aparta del objetivo y todo a un menor precio.

Estamos viviendo épocas de mayor productividad y esa productividad puede significarte un antes y un después a la hora de hacer negocios.

¿Piensas que podría alguien en su sano juicio conducir en los Ángeles un viernes tarde sin waze? ¿O qué opinas un día sin ubicar en la vorágine del mundo que habitamos, sin comunicarte con tu cónyuge o ser amado vía whatsapp mientras trabajas o mientras compartes una comida o cena? Simple nuestra mente virtual se enreda completamente a distintos escenarios, distintos públicos y audiencias mientras compartimos una taza de café. Los día a día son difusos en atención, ya casi no ponemos atención a nada por completo. Hemos hipotecado la atención a la tecnología que sin duda nos lleva a comunicarnos con el mundo externo sin mostrar nuestra cara sino nuestra mente. La mente virtual que siempre existió.

Facebook no se creó para ser una empresa. Era una red universitaria para intercambiar información y facilitar la comunicación entre estudiantes que NO querían dar la cara para mostrar sus apreciaciones, sus sentimientos de algo y a través de esa plataforma obtenían una comunicación más fluida que era difícil de canalizarla de forma física. Nuevamente la mente virtual haciendo de las suyas. Pasaron los años y la gente que cada vez descubre que su mente digital le gobierna. Se apropió de esa tecnología como suya compartiendo su vida y generando otras realidades paralelas a las cotidianas. Fue tanto el éxito que en el 2007 ya estaba disponible en varios idiomas para que los individuos la utilicen. De repente esos servicios eran gratis y comenzaron a desarrollarse nuevas fuentes de ingresos y trabajos que reverdecían en esta nueva economía del sharing. En el 2014 estos chavos se dan cuenta que tenían una comunidad de usuarios mayores a 1.3 millones de personas con varias cuentas y logran revelar que el negocio era dar gratuitos servicios de redes de amigos y publicar noticias, ideas, publicidad y el mundo cambia a la publicidad digital. Trastornadamente los medios publicitarios comienzan a darse cuenta de que pueden desaparecer y con ellos muchos ejecutivos y activos. Pues la gente comenzó a pasar más tiempo en sus computadores y en sus móviles disgregando su atención ya no a los medios impresos o tradicionales de televisión. Es decir, comenzaba la época de sopesar en la asignación de los dineros para la publicidad.

La mente virtual cambió al mundo a tal punto que hoy Amazon distribuye la mayor cantidad de productos sin tener tiendas físicas, la librería más grande del mundo.

El mundo de las finanzas está transformándose locamente que te permite generar relaciones con tu banca personal sin pasar por cajeros o por páginas web que es peor. Solo con el hecho de ampliar tu gama de aplicaciones en tu móvil, ya ni si quiera necesitas entrar a la web. Es más, puedes transferir dinero vía mensaje de texto a usuarios de otro banco.

Reflexiona en tu día a día. Te despiertas y piensas en digital. Actúas como un autómata reprogramado hasta agarrar tu teléfono. Y comienzas a pensar en digital, tu interacción es total con tu móvil y sus plataformas. Vives como una persona física, pero tienes realidades virtuales con tus redes sociales, varios grupos de amigos unidos por el mundo enviando chismes, chistes y en si disfrutas de esa complicidad sin preocuparte de estar de punto en blanco con tus mejores galas. Muestras tu propio yo, criticando, comprando en línea, leyendo y consumiendo contenido de forma constante. Las empresas consientes que estás pegado a las redes sociales y a tus móviles, conectado a sus servicios comienzan a medirte y a entender cómo vas a interactuar para predecir tus compras o las publicidades que deben sugerirte o mostrarte para influenciarte a que compres lo que te interesa o te da el tiempo.

Conocen tu edad, la ubicación que estás, las rutas que transitas y el dinero que destinas para eso. Cada día envejeces y con ello las nuevas generaciones te van gobernando. Ellos, si nacieron después de los 90, son totalmente digitales y si tu mente no piensa de forma virtual vas a invertir en el canal inadecuado y probablemente no te acomodes a las nuevas prácticas, dejando tu permanencia en puntos suspensivos....

Cuando sepas más estadísticas te verás forzado a promover tu mente virtual a los más altos índices de desafíos. Para muchos estudiosos, el internet está en su fase de infancia. Es más, se prevé que habrá real oportunidad de nuevas plazas de empleo y otras correrán riesgo de desaparecer en los próximos años.

Según estudios en los siguientes 5 años se desarrollará más el internet de lo que se ha desarrollado en los últimos 20 años. Muy pronto todos tus artefactos de tu hogar tendrán alma, es decir Software y tu podrás manipularlos vía aplicaciones móviles y podrás nutrirlos de lo que necesiten sin moverte del asiento de un metro o disfrutando de una piña colada en el mediterráneo.

¡Se están construyendo autos con menor necesidad de manejarlos lo cual es una desidia a la agradable compañía del conductor que muchos valoramos, pero estamos llegando a eso, despierta! Poco a poco existirán aspectos como seguros de accidentes naturales nunca vistos, como por ejemplo inundaciones, tormentas, terremotos, huracanes y demás cambios globales climáticos que exigirán a las ciudades y gobiernos predecirlos de alguna forma. Es decir que eso implicará que las empresas de seguro hagan lo propio situando nuevas ramas que luego competirán de igual a igual en el mercado.

En el 2016 con una población que supera los 7000 Millones de millones de personas, el 93% de nuestra población world wide. Es decir 6.5 Billones de ciudadanos del mundo ya utilizan teléfonos móviles. Piensa como van a comportarse cuando muchos de ellos vayan migrando sus teléfonos normales a inteligentes y cuando tengan acceso a internet. Solo existe un 35% de penetración de internet y solo el 25% de ellos utilizan redes sociales. La multiplicidad de posibilidades es enorme puesto que podrías vender un producto usado en segundos sin poner en riesgo nada, sin gastar nada. Nada más que apuntar al grupo objetivo adecuado. Los canales cambiaron y lo antagónico es que muchas empresas siguen pensando su gran porcentaje en canales tradicionales de B2B que poco a poco se irán migrando a B2C o un social selling.

Hoy suceden las cosas muy rápido y como consumidor lo entiendes con claridad cuando ya no utilizas los canales normales, como por ejemplo cuando estás navegando por la web para irte a un viaje y no te mueves de tu sitio y ya contrataste hotel, compraste ticket de vuelo, hiciste tu itinerario y nadie te recomendó. Al punto que bloqueaste las anteriores agencias de viajes de su viejo negocio. El internet lo cambio todo y las redes sociales lo cambiarán aún más.

Antes se hablaba de encuestas de satisfacción de clientes. Hoy los clientes pueden con un comentario puesto en páginas hechas para eso como booking quitarte, mermarte o quebrarte en el mercado sino cuidas de tu servicio. Antes se hablaba de satisfacción, luego de lealtad y hoy de interactuar, de comprometerlos de engancharlos siempre y de forma constante; caso contrario no te comprarán. Se aburrirán.

Entonces date cuenta de que como tú lo estás viviendo lo están percibiendo tus clientes. Muchos de ellos están decidiendo sobre tus productos o servicios antes que abras las puertas de tu oficina en las mañanas. Otra gran mayoría te olvidarán, sabrán más de tus competidores que tú y te cambiarán sin chistar. Si no los educas, sino les prestas atención y si no les das contenido relevante y gratuito de buena fe con calidad absoluta se irán. Tienen infinidad de opciones y muchos sustitutos que ni si quieras consideras que son tus competidores. Sino analiza lo que pasó con varias empresas del pasado que olvidaron que sus competidores no venían de la vertiente normal y defenestraron sus productos por los sustitutos. Por supuesto el fax es un ejemplo de no haber visto al email como su competidor y abolió sus servicios en un 99% en la actualidad.

Estamos en una época que los nuevos fundadores del mundo de las telecomunicaciones y del Marketing digital son empresarios jóvenes que no pensaron en hacer negocios lucrativos, sino que empezaron brindando servicios a la comunidad, otorgándoles valor hacia sus potenciales clientes y luego les generó lucro, pero fue a largo plazo, lo que les obligó a sentarse y pensar como un negocio. Pero posterior de que brindaron ayuda a la comunidad las ganancias llegaron más tarde.

Si piensas en sobrevivir y trascender en esta nueva época de comunidades mundiales piensa en apoyar causas que luego se formarán en negocios. Por ejemplo, LinkedIn como inició y ahora fue adquirido por Microsoft como una de las redes sociales más importantes de prestación de servicios y contenidos. Ya no hablan las empresas solo de clientes, prospectos o simples números. Las mentes virtuales crearon a seguidores, a fans a suscriptores a socios, likes, gente real que pueden darte retroalimentación en línea.

Las empresas como Google transformaron el mundo a tal punto que te facilitan la vida en todo sentido y hacen negocios. Cada vez que buscas orgánicamente en su herramienta encuentras lo que tú quieres encontrar y lo que ellos quieren mostrarte y que por su puesto las empresas pagan. ¿Entonces desde cuando las compañías no se dan cuenta que el marketing cambio por las mentes virtuales, porque siguen viviendo en la retórica del mundo antiguo y de ego? Mucho por ignorancia y mucho porque su mente no ha sido desafiada por el mundo renovado o por que no las han permitido. Porque confían y se fían de su legado, que puede caducarse en lustros o décadas. Si no entran a remodularse, un día ya no tendrán negocio. Serán extintas por proveedores y consumidores que perciben diferentemente el mundo de hoy y del proyectado.

Hoy las mentes están intentando predecir tus compras para venderte lo que necesites y migrarán a mentes que lean tus pensamientos. Mira las búsquedas que tú mismo expones en los motores. Te has puesto a pensar quien te conoce más que Dios, ¿Tú mismo? Te reto a que no es así. ¿Tu pareja? No, tus amigos. No. Te doy la noticia que los motores de búsqueda saben tus más íntimos secretos y pueden predecir tu ingenuo accionar en los próximos segundos, meses o años. ¡Revive! esa es tu nueva realidad. Ya no hay bases de datos. Las bases no se llenan, se construyen a diario, se mutan, cambian y van formando una idea de tus infantiles pasos a seguir. Esa analítica que crees que está dada por las empresas especializadas, debes adoptarla, zambúllete o quedarás desligado de lo que pasa a tu alrededor. Antes hacían falta investigación de mercado basados en encuestas. Ahora ciertos motores de búsqueda pueden diseccionar a tu empresa de un solo plomazo tecleando sus analytics y descubriendo que lo haces mejor o no que tu competencia más cercana y lejana.

Antes, luego de un debate televisivo político. se debía escuchar a los analistas dando sus criterios del ganador, ciertos manipulando audiencias para generar ventaja, utilizando criterios difusos y muchas veces parciales intereses para crear al ganador. Hoy les basta a ciertos motores de búsqueda entender cuántas búsquedas de perfiles, fotos, Wikipedia o demás fuentes de interés de cada candidato fueron buscadas en línea y geográficamente; para entender cuál fue el ganador. Así cambió el mundo.

Hoy en día tener una mente virtual no tiene nada que ver con compartir tus fotos vacacionales o momentos de felicidad en las redes sociales. Más tiene que ver, en crear una seria y creativa estrategia que transforme tus relaciones con clientes, proveedores, seguidores, público y audiencia en general, comprometiéndoles a largo plazo con tu marca personal y con la marca que representas.

Otro caso muy interesante son los negocios inmobiliarios no tradicionales en donde no pagas a corredores, ni te preocupas de que se destruyan los bienes por el paso del tiempo, tampoco debes preocuparte por las regulaciones normales del Gobierno que afectan los costos en la construcción o venta de estos bienes raíces.

Existen plataformas que diseñan y venden propiedades virtuales a través títulos; estos van desde los 1000 hasta 1 millón de dólares. Puedes comprar parcelas de terreno, pequeñas tiendas, casas, departamentos, lujosos penthouse, etc. Los títulos originales se venden a los propietarios iniciales y cuando estos ya los tienen adquiridos cualquier otro jugador que esté interesado debe comprar a los nuevos dueños, lo que influye en el precio de incremento y en la rentabilidad de cada una de estas inversiones y que sin duda están superando a las ganancias en mercados inmobiliarios reales.

Los video juegos son un mercado más grande que Hollywood y está valorado en más de 70.000 millones de dólares según el Banco Mundial, y es una:

"Economía Virtual" = a la Suma de Video Juegos + Inversiones Reales.

Los jugadores pueden remodelar virtualmente sus propiedades para ganar más dinero en ventas futuras. Tienen su propia moneda y estos jugadores pueden retirar sus dineros en dólares verdaderos cuando ellos lo deseen.

Esta es una muestra fehaciente que nuestra mente es digital y que ya estamos conformando otro tipo de economías paralelas sumadas a vidas paralelas donde existen inversiones reales, dinero y objetos intangibles. Muchos opinan que *el estado verdadero del lujo es intangible*. Pues prepárate que el lujo en un futuro muy cercano será "virtual" y no necesariamente tendrá que ver con el ostentoso reloj que quieres lucir.

Las posibilidades son infinitas pero lo que es certero es que, en esta nueva economía que hemos creado debemos jugar de forma inteligente y sabiendo que siempre ha estado ahí y que solo nos estamos mutando hacia caminos indescifrables. Aplícalo a tu negocio ....

"La mente siempre fue virtual. Pues son pensamientos y sentimientos. No los puedes tocar ni palpar. El corazón late y hay romanticismo en pensar que produce los sentimientos, pero eso no es así. Incluso la procreación depende de tu mente. Con esto te reafirmo que siempre fue virtual y la mayor computadora y red que ha existido y que existirá, está en tus neuronas impulsando todo tu ser."

Transforma poco a poco tu negocio a digital, ¡pero empieza ya!, con un plan a corto, mediano y largo plazo e incorpora *Marketing Digital*. Y rodéate de asesores que te guíen en este nuevo y maravilloso viaje.

El desarrollo de nuestra costumbre virtual en los últimos 5 años ha sido gigantesco, y mucho lamentablemente por la era Pandémica.

Tendencias como Blockchain, NFT's, ya son una realidad de inversión y uso. Teletrabajo, Marketplaces, empresas como Airbnb han revolucionado el turismo, la inteligencia Artificial se ha apoderado de la Industria 4.0. solo por citar algunos ejemplos.

Todo un cúmulo de nuevos caminos se prevén existirán en los próximos 10 años, abriendo el paso a una nueva realidad que en un abrir y cerrar de ojos nos podrían situar en nuevos terrenos como los de Marte, Saturno u otros suelos galácticos a través de viajes planetarios o simplemente con el uso potenciado del Metaverso.

Mantente informado, aprendiendo y curioso de tu entorno.

Expediente
Académico

*La imaginación es más importante
que el conocimiento*
Albert Einstein

Muchos millonarios nunca pasaron por las aulas, y otros, aunque pasaron tuvieron otras experiencias más enriquecedoras de lo que acontece en un examen.

Por citar algunos ejemplos, quisiera mencionar a uno en particular de mi país de origen, Luis Noboa Naranjo nombrado el empresario del siglo XX del Ecuador, de familia humilde, huérfano de padre a su temprana edad, tuvo que mudarse de ciudad con su madre que era costurera y sus tres hermanos a la costa ecuatoriana. Hizo de todo para apoyar a su progenitora llegando a limpiar botas, siendo vocero de revistas, anunciador de peleas de box, vendedor de estampillas, etc. Logró culminar solo la escuela debido a que debía mantener a su familia y estando como conserje de un Banco prestigioso de la ciudad de Guayaquil hizo préstamos para montar el primer de sus negocios a sus escasos 17 años, la primera casa de cambio de la ciudad, más tarde exportó arroz a Venezuela y luego para convertirse en el rey del Banano, también concesionando Quaker y llevándolo al Ecuador y conformando Molinos Poultier. Hizo un imperio que ahora sus hijos lo siguen manteniendo.

Amancio Ortega uno de los multibillonarios del planeta, español y dueño del consorcio textil mundial ZARA empezó su negocio siendo un púbero, observando con detenimiento que el negocio no era solo vender sino producir su propia ropa, venderla y distribuirla. Fue a Paris en auto por horas y pudo observar y diseñar su sueño de vestir a todo el mundo. No terminó la escuela. Insignias de la Tecnología que ni Harvard pudo retenerlos, entre ellos Bill Gates (Microsoft), Mark Zuckerberg (Facebook), Michael Dell (Dell), Richard Branson (Virgin Records), Steve Jobs (Apple), Larry Ellison (Oracle) nunca formalizaron estudios de tercer nivel y finalizando los ejemplos tenemos al monstro de las inversiones Warren Buffet en la misma línea.

Otros ejemplos de vida de gente que nacieron en total pobreza y ahora son multimillonarios. En el 2016 Oprah Winfrey (Fortuna de 3 Mil Millones de dólares) súper estrella y dominante de los medios de comunicación, nació de una madre soltera en las zonas rurales de Misisipi, sin embargo, se crio con su abuela, eran tan pobres que su abuela le confeccionaba sus vestidos con restos de material de los sacos de papa. Los niños de su escuela se reían de ella por sus galas, sufrió una serie de abusos en sus escasos 9 años por parte de un tío, un primo y por un amigo de la familia. A los 14 años quedó embarazada de un bebe que murió al nacer. Se mudó a vivir con su padre y ese carácter estricto de él, le permitió encaminar su vida, estudió comunicación en la Universidad y comenzó a brillar en los medios a tal punto que es figura emblemática e influencia mayúscula en el mundo.

Jan Kum en el 2016 (Fortuna 20 Mil Millones de dólares) de origen ucraniano, emigró a USA junto a su madre cuando apenas tenía 16 años. Sobrevivía en las calles gracias a los cupones de comida que recibía de parte del Gobierno. Ambos trabajaron para salir adelante, su madre como niñera y el trapeando pisos al salir del colegio. Aprendió como autodidacta sobre redes informáticas y ya como adulto cofundó la compañía de mensajería "Whatsapp", la misma que la vendería por 19 Mil millones de dólares, orgulloso por su especial progreso firmó el acuerdo en un gesto cargado de simbolismo y gratitud en un centro de ayuda donde recibía los vales de ayuda del gobierno cuando era totalmente pobre.

Hay que tener en claro que de nada sirve disponer de un título y de una formación académica si no se traslada ese conocimiento a la práctica.

¿Sabías que ahora empresas como Google en el top tecnológico del planeta, empresa que ha cambiado la forma de interactuar en todos los estratos y negocios, no solo confía en los largos y ostentosos títulos que pueden acumular los laureados profesionales? Las puntuaciones en los test y sus expedientes deben renovarse en esta nueva era del talento multidimensional "más menos en palabras de Laszlo Bock Vicepresidente de Recursos Humanos de Google" dichas según fuentes investigadas en el 2016.

Los impecables y extensos expedientes académicos de los candidatos ya no son para nada garantía del éxito de los trabajadores ni tampoco predicen las soluciones a implementar, mucho más en una época de caos y de ambientes altamente cambiantes, donde las respuestas obvias y específicas a un problema no solventan la dificultad que existen en la competitividad del nuevo milenio. Existes diferencias de lo que sucede en la vida cotidiana de las empresas Vs. lo que se enseña en las Aulas. En Google cada vez crece más el número de empleados que no poseen títulos certificados y ya no es pilar fundamental de sus procesos de selección. La habilidad que debes imprimir a diario en tareas y proyectos en Google no tienen mucho que ver de lo que se aprende en las escuelas.

En el mundo de los negocios si te equivocas quiebras, si no vendes decreces, si no innovas pierdes competitividad y si no haces un equipo sincero y retador estarás destinado a desaparecer. Donde se imparten las clases muy pocas veces se califica el criterio ni tampoco existe la competencia real que si puede liquidarte por un producto más moderno y a un costo más competitivo. El sistema de calificación debe reevaluarse para que se parezca más al mundo de los negocios.

Los nuevos retos del mundo tecnológico, de energías verdes, de la escasa alimentación, de la salud, de las nuevas convergencias globales, robótica y demás negocios que hoy en día han florecido no solo han venido de las aulas, sino también de la inventiva y de esa mezcla de curiosidad intrépida y desafiante de aquellos estudiantes yupis que han cambiado el mundo. Mismas innovaciones que son creadas sobre la marcha. Respuestas que fueron ambiguas y no definitorias.

¿Ahora bien, como haces tú proceso de contratación? ¿Que buscas…? ¿notas?, respuestas preparadas o muy etéreas de lo que sucede en tu organización ¿u otras nuevas alternativas de contraste que necesita tu firma? Te reto a que los juzgues en una mezcla su comportamiento más respuestas en las entrevistas. Mira cómo los candidatos podrían ajustarse a los valores que compartes, en las filosofías que pregonas, sin embargo, ¿qué tanto te van a ayudar a desafiar el estatus quo que te mantiene en el mismo lugar?

La clave de una entrevista "es la percepción". Acuérdate que las personas están con algo de nervios y en expectativa. También siempre van a exagerar de lo que van a aportarte, así como también podrán responder preguntas hipotéticas más fácilmente de las que extraigas de su pasado. La psicología tiene un precio importante y también te podrás dar cuenta que a pesar de tu libreto muchas veces estás de mejor ánimo que otro día para atender a candidatos, lo cual le deja al proceso más complicado. ¿Entonces qué vas a contratar? Títulos, Competencias, Química o ¿comparación con lo anterior que tenías o lo que siempre quisiste tener? Los filtros pueden ser varios, pero la mayoría de las veces debe latirte lo que a ti te parece con algo de estructura y lógica que hayan filtrado los departamentos antecesores al proceso.

Por ejemplo, ¿el liderazgo como pretendes absorberlo mediante una entrevista? Puedes entender conocimientos, pero no habilidades ni aptitudes. Es decir que por más libreto que tengas debes acudir al psicólogo y al adivino que hay en ti. Y generar preguntas subyacentes a cómo va desarrollándose tu secuencia. Por más deleite que tengas de lo estructurado deberás improvisar si quieres finamente rebanar lo que vendrá, cuando ya haya sido contratado.

Los criterios de evaluación son claves más que en si una buena entrevista o formateada. Analiza el tipo de empleados que tienes y busca en cuantos grupos se dividen. Primero entiende quienes cuidan tus arcas y debes aceptar que tienen otro perfil de los que salen al campo a obtener el pan de cada día con el cuchillo en su boca y en sus manos su portafolio. Ahora luego de saber que son dos especímenes diferentes. Trata a cada apartado de estratificarlo por características comunes de gente que te ha dado éxito. Escoge a los más sobresalientes de cada uno de los subgrupos y llámalos imprescindibles, necesarios y descartables.

Muchas personas hablan de que no hay gente imprescindible. La peor mentira por no aceptar que pierden talentos o la forma más fácil de haber salido de gente que les intimidaba su inteligencia y amenazaba su zona de confort.

Hay gente que no vas a reemplazar jamás por sus genes, por su forma de razonar y de atender un problema y volverlo una oportunidad, gente que tiene un carisma especial y que posee ciertas características que son irremplazables, puesto que sazonó un sabor especial a tus platillos empresariales. Podrán olvidarlos, pero las empresas nunca volverán a ser iguales. Puedes tratar a los suplentes zambullirlos en mil y un entrenamientos que no podrán acercarse a aquellos imprescindibles que tenías, y en fin pasan los años y las cuentas no se renuevan, o la cantidad de productos que comercializabas ya no es la misma o lo que es peor jamás volverás a obtener las ventas o resultados antiguos que hacías con esos emblemáticos y complejos jugadores.

Algunos ejemplos de eso están en la historia musical. Jamás se pudo reemplazar la voz, la sintonía, su genio, su aurea en el escenario y su tesitura vocal de Freddy Mercury. Queen jamás volvió a ser el grupo de rock que era antes con Freddy. Fue tanto el golpe de su ausencia forzada que en un unísono nadie pensó en reemplazarlo. Pensemos ahora en alguien que salió de un equipo deportivo que no fue un retiro involuntario sino todo lo contrario, un plan estipulado para desplazarse a otra actividad como es el caso de Michael Jordan, leyenda en el basketball que muy difícil podrá ser restituido por su habilidad innata que no es materia de inducción de ningún equipo de basketball americano. Muchos podrán decir ambos eran estrellas. Así hay en tu organización. ¿Qué esperas para cuidarlos? Son imprescindibles probablemente no y no por eso deben hacer los que les venga en gana, pero si tendrás que aconsejarlos. Ese es tu trabajo de liderazgo o de mantenerlos enamorados con lo que hacen. Ese es tu objetivo. Ahora hablemos de otros miembros de equipos que no fueron los estelares pero que la salida de uno de ellos dejó un vacío y un formato irremplazable, recordemos el grandioso programa "El chavo del 8", en aquella serie que tuvo un éxito radical en el mundo y que duro cerca de 8 años, uno de sus miembros estelares como fue Quico salió por diferencias irreconciliables y nunca más fue el programa igual, poco después por fuerza mayor y problemas de índole personal otro prócer como Don Ramón salió del programa y jamás por más respeto que se merece la memoria de don Raúl Chato Padilla - Jaimito el Cartero no pudo reemplazar la sencillez, sus gestos, malhumor y carisma innata que tenía Ramón Valdez y que sobre todo lo que amalgamaba el famoso personaje de Ron Damon.

Finalmente voy a hacer mención una película infantil que parece que fue elaborada para adultos con un final casi ni inimaginable, en esa película creada por los genios de Disney y su principal creador Pete Docter, se veían en el 2016 muchos cinéfilos en las salas de los cines susurrado en silencio muchos sentimientos y en especial las lágrimas del impactante final. La trama se desarrolla en la mente de una niña y hay cinco protagonistas conformados en 5 sentimientos que conviven en aquel escenario de aquella niña que se vuelve adolecente poco a poco y va cambiando de comportamiento. Esta película fue alimentada por muchas bases científicas y de neuropsicología observada a la hija del creador debido a sus cambios constantes de personalidad a medida que iba creciendo.

La alegría, el desagrado/asco, la tristeza, la furia/ira, temor/miedo. Estos sentimientos la gobiernan desde que nace, la van conduciendo día a día a confrontar la cotidianidad. En el head quarter de su mente estos sentimientos van guardando a diario los nuevos recuerdos en esferas de colores distintivos y aquellos recuerdos antiguos van resguardándose en otro sitio lejano del comando de controles y llevado a la memoria de largo plazo. Todos estos recuerdos de corto plazo y largo plazo son manejados desde los paneles de estos sentimientos que van llevándola a comportarse de acuerdo con los intereses de cada protagonista pero que de forma inconsciente logran un balance total. Por ejemplo, alegría tratando de apoyarla y motivarla a que siempre esté positiva. De hecho, alegría es la líder del grupo. Sin embargo, cuando la familia de esta ya adolecente decide mudarse de ciudad a San Francisco, todo lo que estaba acostumbrada la mente y la chica comienza a cambiar. Los sentimientos se revolotean y tristeza comienza a cambiar los recuerdos con solo toparlos y los amarillos que eran recuerdos de felicidad cambian a color azul que representa a tristeza y así con los otros sentimientos. El comando central de pensamiento de esta chica cambia y alegría aísla a tristeza para que no llene de confusión y depresión a la púbera, pero en ese forcejeo golpea accidentalmente la visión central dejando entre mezcladas las esferas de recuerdos de corto plazo. Ambas son expulsadas al resto de la mente de la chica, llegando a los eternos laberintos de recuerdos de largo plazo y empieza el viaje de retorno al cuartel general de ambas.

La chica queda a merced de los otros tres sentimientos que cambian radicalmente la vida de la jovencita y cada uno de ellos al no estar comandados de una líder toma momentáneamente la iniciativa de influenciar los pensamientos y reacciones de la chica ante aquel importante nuevo evento en su vida. Furia la ayuda hasta un límite que rompe ciertos lazos de amistad y sana convivencia por sus constantes explosividades, luego empieza el miedo a florecer dejándola a la niña sobrecogida en innecesarios episodios de fobia e incertidumbre que hacen que aquella y vivaz adolecente cambie de actitud. Una de las alternativas era que el desagrado tome la batuta manejando una indiferencia ante el cambio de ciudad y menos alterada y sobrecogida muchacha podía lidiar ante las vicisitudes de la vida diaria luego del cambio de ciudad. Ese desagrado generó muchas preguntas y dudas con su familia directa. Finalmente, los tres sentimientos deciden que la mujercita debía huir a Minnesota y es cuando Alegría retorna a liderar y cambiar la situación al tamaño que debía estar, es decir ante el cambio de casa una mentalidad positiva y comprensiva podía ayudar y llenar de tranquilidad a su vida, en ese viaje Alegría decide dejar a Tristeza encerrada en la memoria central.

Ya probaron y la ira demostraba su frustración, el desagrado indiferencia que calaba los huesos de la familia y el miedo generó preocupación y desolación. Alegría al dejar momentáneamente a Tristeza fuera de escena no se percata que uno de los tubos de transportación entre la memoria a largo plazo al cuartel general se rompe y queda Tristeza atrapada. Alegría rompe en llanto y decide rescatar a Tristeza. Llega Tristeza al cuartel general con su lúgubre y quejumbrosa personalidad a pintar los pensamientos centrales del color azul, es decir a llenar de tristeza absoluta a la chicha. Riley entra en profundo sufrimiento, confiesa a sus padres que no desea la nueva vida en su nueva ciudad, los padres la comprenden verdaderamente y se resuelve la situación con dialogo y mucho cuidado.

La menos opcionada a resolver ante todos los pronósticos la situación era "Tristeza", pero lo hace y con ello todo vuelve a la normalidad. Al cabo de un año la adolecente se acostumbró al cambio y fue la "tristeza" que rompió el silencio que había ante los padres y en conjunto lograron la solución.

Es evidentemente que si hay elementos imprescindibles que forman parte de los equipos de trabajo de alto desempeño y que debemos cuidarlos como líderes. Y debemos saber que son el engranaje crucial del éxito.

Ahora que sabes que, si existen pocos, pero existen esos imprescindibles tienes que también subdividir a los "necesarios y a los descartables". Cuando hayas hecho esa categorización debes entender que es lo quieres contratar y eso aplica para cada gran división entre los cancerberos y los delanteros y aplica para cada puesto.

Una vez diseccionado que es lo que buscas debes entender cuáles son las características que les une entre los imprescindibles, necesarios y descartables que tienes en tu plantilla y escoger que es lo que buscas para una nueva posición. Y ahí empiezas a formar el perfil ideal y te habrás dado cuenta que no tiene nada que ver con el rol que desempeñan y mucho menos las competencias que creías eran las que avizorabas. Estás edificando en exclusiva no el perfil sino los criterios que van a ser parte de la decisión de contratación y comienzas en algo a pesar lo que quieres obtener del mejor candidato a ser contratado/a.

Es clave para reclutar a tus nuevos pupilos o seniors líderes que quieras abrirles las puertas de tu empresa que pienses en firme que debes invertir fervientemente para que te superen a diario, solo así las empresas se nutren y se reciclan.

La entrevista en sí. - en cualquier entrevista debes entender el ser humano, cuáles son sus motivaciones, como está conformada su vida y en que rollo se anda. Debes entender como está configurada de alguna manera su vida y que lleva en la mochila de su pasado y como le va a ayudar a solidificar su futuro. Los estudios valen, pero con menor ponderación que en el pasado.

La experiencia vale muchísimo y mucho más si identificas que hacía y como fue o no de exitoso. Claro preguntas de asertividad son claves, debes identificar efectividad y eso debe ser parte crucial de preguntas subyacentes, contrastantes y sorpresivas donde veas la capacidad de reacción y creación. Debes siempre estar consiente que la entrevista es un filtro y un espejismo a la vez, debes entender lo que buscas y ver si se llegan a enamorar mutuamente. En este último apartado es clave validar si van a congeniar en algunos tópicos y si pueden nutrirse de lado y lado.

Tienes que contratar a gente con experiencia, pero con brillo en los ojos.

Puedes querer outsiders nuevos en la Industria tuya, pero con experiencia en materia.

Nuevos Talentos pero que les interese moverse de empleo a tu empresa.

Si quieres un vendedor lo básico es que sepa vender y que sea ambicioso. El resto se aprende.

Si quieres un líder debe tener el interés de serlo.

No vas a buscar un General Manager así sea tu íntimo amigo si no conoce de la médula comercial. Puede ser un experto en finanzas, pero no te asegura el éxito.

Si buscas un Gerente Financiero no debe pensar solo en números ni tampoco debe querer ser un camuflado Gerente General pues puede existir ingobernabilidad.

Busca contrastes y diversidad.

Busca también similitud en mística y en valores.

Busca gente arriesgada, pero con pilares que les permita guiarse.

Gente con relaciones y con capacidad de crear nuevas relaciones.

Trabaja en tu marca para que no se vayan y que se inspiren por tomar la misión.

Busca talentos, pero con alta dosis de criterio y humanismo.

Hay muchas Universidades que se han actualizado al tiempo en que vivimos, reconociendo que el conocimiento es público. Han modificado sus pensum académicos con nuevas carreras como Blockchain, Inteligencia Artificial, Digital Marketing, Robótica, etc. Mezclando casos de estudios, foros, experimentos para aflorar ejemplos muy cercanos a lo que pasa en las empresas. Conocimiento – Conducta – Criterio – Humanismo – Toma de Decisiones – Innovación.

Tú debes sopesar que es más importante en los perfiles para que trascienda por lo general son habilidades, talentos, experiencia, curiosidad e intuición más que solo conocimiento. Los Departamentos de Recursos Humanos deben mantener en conjunto con los grandes líderes a los talentos y siempre tener bases de talentos externos para atraerlos.

La única diferencia que tiene las empresas son su gente.
La marca ayuda, pero quien hace la marca es la gente.

Donde empieza todo,
"Tu Cliente"

Solo hay un jefe. El cliente.
Y él puede despedir a todo el mundo en la empresa del presidente
para abajo,
simplemente gastando su dinero en otra parte
Sam Walton

Lo más importante tu cliente, luego tu equipo y tus convicciones. La ética y el poder de tu marca se mezclan con tu toma de riesgos. Se revierte en resultados siempre.

El extracto y la médula de un negocio hoy y siempre ha sido la PASION. Sea cual fuere el método que utilices sin ese desenfreno no trasciendes en el mercado.

Antes en los 90's la "empresa" era el centro de la propagación de la comunicación con los consumidores. Los CONSUMIDORES ERAN REACTIVOS.

Durante los 90's hasta los inicios del nuevo milenio "la empresa" recibía algo de retroalimentación de parte de los consumidores. Los CONSUMIDORES ERAN MÁS ACTIVOS.

Hoy en día, la "empresa" conversa con fans, abogados, influenciadores y activistas que son más que meros consumidores. CLIENTES DE POR VIDA, OCASIONALES O PROFUNDOS DETRACTORES.

Sin duda la empresa ya no está en el centro. Ocupa otro lugar en el conglomerado de la comunicación.

Lo más difícil en el proceso de comunicación con tu cliente es oír lo que no se dice.

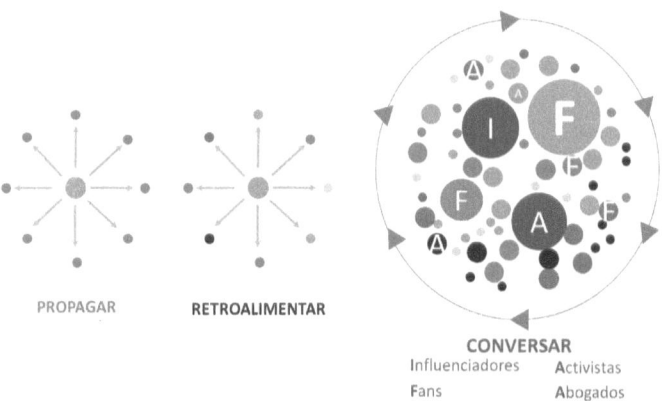

PROPAGAR   RETROALIMENTAR

CONVERSAR
Influenciadores   Activistas
Fans   Abogados

En una ocasión leí una esta carta de un alto ejecutivo de una empresa cuando se perdió un cliente de muchos años. Sin duda entendí que esa era la forma de enfrentar con altivez y con dolor la pérdida de un cliente desde lo más arriba.

Se hablaba de la pérdida y el asumía toda la responsabilidad. Sin duda no buscaba culpables, pero si aprender de lo que les faltó. Una mezcla de sentimientos y esperanza para virar la página y buscando desde ese día tratar de recuperar el cliente.

No es exageración, pero la pérdida de un cliente grande insignia puede tomarte años en recuperarlo en tu Estado de Pérdidas y Ganancias. Te has puesto a pensar lo que implica el valor de tu cliente. No solo es la ganancia que obtenías neta de sus transacciones, sino el impacto domino que te agregaba en la vitrina del mercado y además lo que podrías crecer con el más el tiempo de prospección y costo comercial de recuperarlo, mucho más si es un cliente al cual diste todo tu foco, existe un valor moral y sentimental envuelto, has todo éticamente si te interesa mantenerlo. No siempre el orgullo ayuda. Acuérdate que hay muchos como tú que ofrecen servicios similares.

Por lo tanto, el foco está con tus clientes. El control es bueno, pero no en exceso, sigamos cuidando a nuestros clientes y dando retroalimentación positiva a nuestro equipo. Mejor si esas conversaciones son en el campo de batalla.

¿La oficina sigue siendo el mejor lugar donde se realiza el trabajo? muchos distractores y exceso de complicidad pueden jugar una mala pasada que concluya en guerras de poder y en la tentación de saborear la lacra del chisme.

¿Es entonces válido explorar modelos alternativos que enfoquen a producir más sin esa presencia mandataria?

La tecnología digital ayuda sin duda, pero más la conciencia y el deseo de productivizar cada minuto.

¿Qué es más importante que tus clientes?, ¿tus partners, tu equipo? Si tu foco del día son temas intrascendentes ya sabes que vives complaciendo al proceso o a tu agenda, pero no a lo VERDADERO. Cuestiónate a diario si estás haciendo negocios en el campo de tus clientes.

Excelencia en
Ventas Directas

Las personas de empuje, de ventas ...de éxito tienen tres cosas en común.

Valoran el tiempo y TIENEN UN SENTIDO DE URGENCIA ELEVADO, saben que las oportunidades son escasas, limitadas y que todo lo que tienen es temporal; que es un entorno cambiante y que en definitiva es un constante desafío mejorar el estilo de vida ya vigente. ¡Encuentran una oportunidad y no la sueltan!!!

No les gusta dar excusas ni explicaciones. Les gusta dar resultados, sobre exceder las metas que les ponen y sobre todas las cosas DAR RESULTADOS. El procedimiento, aunque hecho a la perfección sin resultado no les hace satisface en ¡lo más mínimo!

Aman lo que hacen. No por el dinero que está en juego. Sino por saborear la ganancia, el triunfo, el reconocimiento. El dejar un legado vale más que una alta bonificación. Siempre el prestigio está en juego en sus conversaciones y actuaciones.

¡Esa hambre de GOL que tienen las personas HACEN LA DIFERENCIA!!!

Les invito a convencerse que, pese a la capacidad limitada de sistemas, de tecnologías, de economía, de lo que acontezca; esta esa pasión les diferencia ALTAMENTE de la competencia.

Conquisten el mundo.
¡Su propio mundo!!!
Autor anónimo

Todos en algún momento vendemos y no nos damos cuenta. Basta pararse en medio de un mercado de víveres a plena luz del día, ya sea en Escandinavia o en la Patagonia, para darnos cuenta de que todos están comerciando. Lo propio cuando estás en un mall y te preguntas donde voy a gastar mi dinero. Muchos están exhibiendo productos, otros están vendiendo, otros fisgoneando, otros consumiendo y solo algunos comprando, y así ha sido siempre.

Las civilizaciones se han centrado mucho en desarrollar conocimiento, pero muy poco en desarrollar habilidades, por más esfuerzos y cambios en la estrategia, la venta es un arte y es una profunda habilidad para desarrollar o a capturar.

Las habilidades son innatas, las desarrollas, pero necesitan de mucha práctica cuando no vienen de fábrica. Los futbolistas son expertos en esto y están constantemente tratando de mejorar la forma de captar un pase desde el centro de la cancha hacia la zona del penal y no trastabillar al recibirlo, ejecutar dribles necesarios, amagues decisivos y demás mañas que son sin duda habilidades que los grandes equipos están dispuestos a pagar muchos millones de dólares y mejor si esas habilidades salen a la luz a pesar del bullicio del público y del estrés de la expectativa de los fans y de los empresarios para obtener resultados positivos cada fin de semana.

Los grandes jugadores de balón pie para citar un deporte, tienen habilidades en su ADN que las van perfeccionando con el tiempo y que por más que el común de los mortales trate de obtenerlas nunca podrán verse esos destellos de fábrica que nos deleitan estos cracs.

Vender es más que un proceso, va también más allá de la influencia en la mente del comprador y por más que existan cursos científicos, es un ARTE una habilidad escasa.

Los grandes vendedores son contados, debemos cuidarlos, guiarlos, y mantenerlos con una MISION constante.

Desde tiempos ancestrales el proceso de ventas ha sido diseminado por varios eruditos y empresas interesadas en saber que sucede de lado del comprador y de lado del vendedor. Se lograron distinguir distintos pasos y estrategias para lograr un buen cierre, sobre llevar las objeciones de los clientes, técnicas para descubrir sus necesidades, hacer las preguntas correctas y en tiempo oportuno, perfeccionar el cierre, etc. etc.

Hace mucho tiempo se identificaban cruciales interacciones como la "venta en frío" de antaño cuando no se debía evadir los hoy fortines de seguridad que protegen los portales de los más jugosos clientes, o el telemercadeo que fomentaba los primeros calentamientos previos a la visita, o los leads que eran un apoyo inicial para que los sendos vendedores no consuman sus energías en clientes no interesados y les cedían la posta para que luego expertos en el arte del convencimiento retomen las conversaciones. O las demostraciones clásicas en recintos que incluso hoy en día siguen vigentes como las famosas ferias o convenciones. También demostraciones in situ como en el hogar, o las pruebas de testeo de manejo como se venden hasta fecha los famosos y costosos coches de lujo. Las ventas por televisión, las ventas por la web, las ventas por catálogo, cadenas o ventas multinivel, etc. venta al por mayor, venta al por menor, etc.

Muchas de las arriba mencionadas siguen teniendo vigencia y es muy resaltable también lo que sucede cuando vas a una playa y te asechan los vendedores de servicios de masajes, ventas informales, comidas o bebidas y terminas comprando porque te convencen.

Así de fuerte es la venta. Existe el convencimiento y puedes terminar comprando sin querer. Tal vez sea una transacción única, pero ya compraste o no te ha pasado que en "tiempo compartido" en un instante te hayas sentado firmando un cheque o pasando tu tarjeta de crédito de algo que no necesitas, aunque luego te arrepientas, pero ya caíste en el proceso y en tu propia fascinación.

En 1962 Percy H. propuso en cinco pasos la sistematización de la venta con el método AICDC (Atención, Interés, Convicción, Deseo, Cierre). Este siguió las bases de ciertos modelos propuestos por teorías antes desarrolladas por Dale Carneige y Elmer Wheeler. Mucho de este modelo se centraba en los impulsos que podían generar a los potenciales compradores.

Sin embargo, en los años 90 se replanteó lo anteriormente citado con una teoría plasmada en ciertos escritos que datan de 1925 por el psicólogo E. K. Strong, en la cual enfatizaba que la venta es un proceso de "satisfacción de necesidades o deseos" que no solo estaban en control del vendedor, sino que se debía investigar al cliente a fondo para ajustar el producto o servicio al cliente orientándolo en cada paso y basándose enteramente en sus requerimientos. Así el cliente era convencido por el vendedor el cual lo influenciaba para que actúe este; es decir el cliente actuaba de forma no previsible, pero en beneficio de ambos y aceptando el trato. Esta teoría hasta el día de hoy se sigue manteniendo a tal punto que se entrelaza con el Marketing, la lealtad de clientes y la filosofía

"Ganar – Ganar". Se sintetiza en 4 pasos que van desde la identificación de clientes, contactarlos, presentar la oferta y cerrar la venta.

Pero paralelamente existían otras tendencias diferentes cuando la venta tenía que perfeccionarse al punto de desarrollar "la venta consultiva de soluciones", porque aceptábamos como comunidad de negocios que los servicios o productos sofisticados y costosos debían venderse en pasos y con sustento a largo plazo y que la venta no terminaba con la factura sino comenzaba con una relación a futuro y que debía trascender en una potencial renovación de ese mismo servicio. Es más, las empresas poco a poco se comenzaron a dar cuenta que era más conveniente y redituable que el solo vender el producto, era mejor incluir el ciclo completo, sus consumibles, y demás ingredientes; proveyendo un servicio total para que ellos sus clientes, se centren en lo más importante que era el alma de su propio negocio. Y así nació el outsourcing, la consultoría de negocios y hoy en día es una de las ventas más sofisticadas y esforzadas que las empresas cuidan de sobre manera para que el resultado de la suma de pasos rigurosos concluya en el ansiado cierre que no es más que otra venta.

Y ya no eran 4 pasos si no 10 o 12 y luego transcurría el tiempo y volvía a mutarse en menos confundiendo a todos, pero con más inter-actores y con más e interminables explicaciones, y claro las empresas siguen haciendo negocio de aquellas filosofías que a la larga son meramente guías teóricas de laboratorio y que puede volverse letra muerta cuando pase lo que más adelante clarifique.

Es clarísimo que todo gran vendedor debe seguir un *proceso muy disciplinado* y debe construir una *base de prospectos firme* que le permita cubrir en cantidad y en calidad sus ventas de forma mensual, también debe *administrar bien su tiempo* y debe saber *calificar las oportunidades* para que no pierda tiempo valioso en clientes que nunca fueron sus prospectos. Ya trabajado esos puntos la venta, el proceso en sí, debe seguirse con una secuencia, pero vender en sí **es un arte**.

Intentan robotizar las interacciones comerciales de lado y lado con un sinnúmero de explicaciones, ensayos recurrentes, clínicas de venta; poniendo énfasis en el proceso y en mantener el libreto olvidándose que existen competidores que hacen lo mismo que ti en mejores precios y con fuertes habilidades desarrolladas, o de las regulaciones del gobierno que impactan las transacciones, de la afectación de la economía, de la estacionalidad de tu industria, de la presión de tu cuota, del ajetreo del cierre de mes, de intentos de otros o tuyos de regalar los productos con tal de comprar mercado, de ofertas – descuentos, de productos sustitutos, de que los compradores hoy tienen más opciones en sus yemas, que están más preparados que los vendedores, de la guerra de poder, de recortes de gastos, del avance de la tecnología, de la escases mundial, etc. etc. y dejando también a un lado lo importante de seguir promoviendo tu habilidad, de la pausa que podías poner en la conversación, del acento que uses en la comunicación, de que sepas leer las cartas en el juego de póker del intercambio comercial, de la importancia de la relación con tu cliente, del impacto de tu marca, de lo lógico y normal que es la interacción humana y profesional.

Es tan grave esquematizar y automatizar las ventas como pretender que solo la gente de ventas cuide a los clientes u obtenga los ingresos. Así de drásticos, Si quieres que exista **excelencia en ventas** deben existir fundamentales que van desde como contestas el teléfono, si el Gerente General es el principal vendedor o no de la empresa, de la imagen de tus oficinas, de si tus productos son tan buenos como los anuncias, de él trato cálido de tu recepción o no, de cómo se cobra los adeudos a un cliente importante pero en mora, de él tiempo que atiendes sus quejas, de cómo haces los servicios para evitar esas quejas, de cómo aceptas sugerencias, de cómo los valoras y de sí todos están conscientes dentro tu empresa de la importancia de tus clientes a tal punto que entiendan que pueden correr a todos si no te compran.

Lo que se traduce en que tus clientes y prospectos que sepan y hayan experimentado que es "fácil hacer negocios contigo" y que no los mareas y los arrepientes de entrada antes de firmar un contrato leonino de los tuyos con todas las opciones para evitar hasta el mínimo resquicio antes de correr riesgos. De hecho, sabrán en esos casos que prefieres no hacer negocios.

Te das cuenta de que de nada te sirve los modernos y meticulosos cursos de ventas sino tienes a toda tu equipo claro y comprometido en que hay que hacer negocios para subsistir. Mejor dejas de auditar a tus vendedores en tu mundo perfecto de hacer negocios y los apoyas dándoles libertad, dejándolos trabajar facilitando su tarea y de vez en cuando vas calificando su proceso de ventas, pero para obtener mejores actuaciones de ellos con un feedback reparador o contundente y eso se llama coaching de ventas. El que busca objetivamente enfocarse en la situación dada, también en el comportamiento del vendedor en la entrevista de ventas y como impactó eso positiva o negativamente con su prospecto para repetir en lo acertado y evitar las que fueron fallas. Ese trabajo crucial de mostrar el espejo a tus vendedores es crucial del jefe máximo de las ventas.

Pero como quieres hacer ventas sino tienes a tu equipo inspirado, apóyate en motivación 3.0. Pensemos que eso ya has tomado en cuenta y quieres hacer ventas y sobre cumplir tus metas. Debes estar claro que a más del proceso de ventas que es la fábrica de cierres de negocios existe otra fábrica más importante y grande que debe ejecutar el *Director de Ventas* que es la **manufactura de prospectos y del entorno de ventas**.

Si él/ella no lo sigue o tienes un inerte ser liderándolos no sabrán ni si quiera a donde apuntar antes de cada visita. Esa fábrica va más allá de la habilidad del vendedor y sin duda más allá de su ciclo comercial que tanto quieres entrenarlo y se denomina **"proceso gerencial de ventas"** y dependiendo de a que se dedique tu empresa podríamos decir que es el proceso más importante que tiene tu institución. Ese proceso sino existe ahí si por más habilidad que tengan tus delanteros ni si quiera sabrán el horario, que uniforme utilizar y el lugar del próximo juego. Ese proceso si fiscalízalo, no solo el de cuentas por cobrar. Algún día podrías no cobrar nada sino funciona el primero.

¿Qué hace un Director Comercial? Si hay alguien que debe ser un camaleón es este personaje y es tan crítico que podría quebrar la empresa no en el corto plazo, pero si en el largo plazo, si por su puesto no construye la fábrica de prospectos que tu empresa necesita para un futuro o como muchos lo llaman el pipeline, embudo de ventas o lo que se asemeje. Este personaje a más de seguir el proceso al pie de la letra debe tener otro talento importante que es de metamorfosearse en las distintas etapas e ir creciendo la carrera de sus vendedores de junior, mid hasta seniors. Te lo contaré a continuación de que se trata.

Este usa 3 sombreros, 3 trajes y se dota de dos mundos que lo alimentan el azul de tu empresa ideal que podría tenerlo controlado y el rojo de lo que pasa en la mente y en la vida de sus pupilos.

Estratega. - Todo Director Comercial debe planear su estrategia comercial previo a lanzar a un ejecutivo a la cancha. Debe tener claridad cuáles son sus cuentas objetivo, cuales son actuales y si tienen un contrato por vencer y el estatus del servicio y relación en cada una de ellas. Mejor si las segmenta por mercados verticales.

También debe tener claridad cuánto vale cada cliente actual en revenue de ventas, margen de rentabilidad y si vale la pena mantener esos clientes, si se avizora crecimiento; de hecho, debe saber de tu portafolio sí podrían adquirir más productos y como aplicarían en el tiempo. Ahora luego de tener esta claridad debe entender que clientes nuevos podrían irse sumando y penetrando en los siguientes, meses, trimestres o años por diferentes variables, tamaño, atractivo del mercado, importancia en el efecto domino, etc. A estos clientes potenciales debe ejecutar las mismas actividades que hace con los clientes actuales.

Una vez entendido su mercado actual y potencial debe dividir las cuentas y cuotas para cada territorio comercial entre su fuerza de ventas. Tratando de ser equitativo y sin dejar precedentes nefastos como solo entregar cuentas potenciales a unos y hueso a otros. Lo más esquematizado posible, sopesado y realista. Las cuotas deben ser retadoras pero alcanzables sino entrarías a sabotearle desde un inicio la motivación del ejecutivo comercial. Todos deberán tener la oportunidad de ganar nuevos logos y renovar otros cuantos y potencialmente no llegar a concretar nada con otros cuantos. Esa medida debe hacerlo solo él y el General General deberá estar pendiente cuestionando el proceso y apoyando si fuera el caso.

Este Estratega deberá diseñar en conjunto con los vendedores una estrategia para clientes actuales y otra muy distinta para clientes nuevos. Y cada uno de los tipos de prospectos deberá tener un segmento y diseñar una estrategia por vertical e incluso llegando a estrategia por cuenta y como el vendedor que asume la cartera ejecutará las actividades de prospección por las características de cada guerrero. Si por más no le fuera poco, deberá entender su potencial competencia actual, futura, sustituta, fechas importantes de activación de tácticas. Todo detallado por cada ejecutivo. No podrá conformarse esto una sola vez al año, mínimo cada semestre para entender cómo se van moviendo las frutas.

No podrá ser teoría toda esta función, deberá entender cuando un vendedor tiene falencias en su territorio o es un gran territorio de clientes que no se sienten cómodos con la empresa que defienden; es decir son prospectos para otros o tienen gran posibilidad de comprar, pero en el año 3000. Deberá ser sensible cada instante, pero sin ceder cuando la cuenta sea potable.

Entonces podrá decirse que este personaje hizo las veces de un estratega y podrá defender los argumentos de los vendedores cuando indiquen que tienen cuentas malas. No hay cuenta mala, siempre y cuando el jefe máximo de las ventas haya hecho este trabajo.

Pero también será enemigo de visitar a clientes con poca probabilidad de ser prospectos. Si se visita a clientes que no son prospectos será su culpa principal.

Profesor.- El mismo sujeto deberá ser capaz de enseñar constantemente y ser un ejemplo de hacer negocios, pescando al inicio por ellos y luego enseñando la pesca, deberá detectar si los ejecutivos están presentables desde un inicio para generar confianza, si el saludo con los prospectos es profesional, si anotan o envían minutas luego de las reuniones, si conocen de la cuenta, si conocen de los productos, si existe un buen manejo de objeciones, debe calificar los ciclos de venta y si van creciendo en habilidades, como entienden las necesidades, si van influenciando en el proceso de compra-venta, si conocen de los competidores, que tan bien se hizo la presentación de la proposición de valor, que tanto convencen y cierran negocios o se estancan mucho tiempo en un paso por meses, si van acompañando bien la concreción del negocio en su firma, su instalación, su satisfacción, detalles hasta de llevar consigo tarjetas de presentación y si tiene vínculos desde con la recepción hasta con los más altos directivos del cliente. Cómo reciclan y van creciendo en contactos dentro de la organización y todo esto sin menoscabar la autoestima de los artistas de la venta, pero si mostrándose como un maestro constantemente enseñándoles los trucos que funcionan y los que no, pero con su ejemplo.

Llegando a conclusiones en conjunto jefe y vendedor de cuando es mejor tomar atajos y recovecos en vez de seguir por las escalinatas normales del proceso. Su objetivo principal deberá ser que cada año el vendedor sea más profesional y casi casi ir conformando una Universidad de las Ventas y por qué no Maestrías de hacer negocios donde los que se deben graduar son otros y no él.

Policía. - Como si no fuera poco este mutante debe transformarse paralelamente en una pertinaz autoridad del orden e ir midiendo varios aspectos de los ciclos y de la actividad comercial diaria. Podría apoyarse en CRM's y tal vez esas plataformas ayuden, pero deberá ser capaz de identificar que están haciendo diariamente su equipo, sabrá con un clic el tipo de actividad comercial que se debe ejecutar por semana y la que están siguiendo. Si se está haciendo prospección un día, o se está visitando clientes por cortesía y cuando se trate de penetración en las mismas cuentas o en las nuevas. Por más CRM que inviertas si no tiene claro que existen estos tres tipos de actividad no discernirá que está pasando en su kiosko y lo que se alimente a la herramienta será relleno. Ahora bien, deberá dar feedback sobre la marcha grupalmente e individual y post morten al final de la semana, inicio de otro mes con dashboards – tableros individualizados o grupales, mostrando los principales indicadores.

De hecho, deberá diseccionar la actividad en métricas que le sirvan. Hay muchas métricas ideales de nuevo teóricas que son inservibles, pero al menos deberá saber quién está creciendo en prospectos y quien se está estancando, deberá tener claridad de productividad del área y ranking de sus vendedores Vs. la cuota que tienen, también si son asertivos o no y que tanto están afectando la asertividad de los demás niveles y si están creciendo su tasa de cierre, si está llegando a la cuota con pocos negocios o si llega teniendo otros de respaldo para el siguiente mes. También deberá saber que viene adelante para 30, 60 y 90 días de potenciales cierres y que planea para al menos un año adelante. Si llega a saber eso de forma automática o algo trabajada a manivela ya sabrá activar los botones para generar el cambio, la conciencia y anunciar el modelo de consecuencias que aplique si no existe recuperación.

La medula de metamorfosis diaria se describió en estos tres personajes, pero debe asegurarse que los mundos de la empresa y de la mente de sus pupilos estén en balance y para esto no puede ser un recolector de tareas que alguien hace. Deberá asegurarse como mínimo que existan estos facilitadores internos:

La gente nueva debe tener un buen plan de inducción que debe calificar el Director Comercial, por su puesto los vendedores deben ser capacitados constantemente en aspectos técnicos y en habilidades y no puede dar por sentado que efectivamente están recibiendo ese nutriente de las demás áreas, también deberá recontra asegurarse que su gente tenga un plan de carrera al menos discutido y acordado entre ambos y si existen incentivos tácticos por temporada que apoyen la gestión. Por obvias razones no tan obvias deberá ser involucrado y cliente en la compra y arquitecto del plan de compensación. La gente de ventas va a hacer lo que el plan de compensación dicta. Si existe un plan ilógico y abusivo con el vendedor ¿qué esperas que arroje?

En el mismo mundo de la empresa debe existir apoyo de marketing verdadero para que "genere demanda". El marketing puede pertenecerle a otro, pero si no está involucrado en los eventos importantes de la industria como puede dirigir un área de ventas este jefe de ventas. Esos facilitadores deben ser revisados de forma constante por parte del dueño del proceso y entender si Marketing está apoyando a encontrar donde están las oportunidades del mercado que va más allá de la publicidad. Por lo tanto, este personaje deberá ser muy crítico del Marketing, pero a la vez entender como alimenta al proceso para que sea servible.

Así mismo debe entender las amenazas internas y externas que podrían presentarse y adelantarse para producir los cambios internos o los distintos discursos hacia afuera que se deben ejecutar para que no se afecta la fábrica de prospectos en el tiempo.

¿Pero qué sucede en la mente y vida del vendedor?, aunque diseñes la vida ideal dentro de tu institución algo podría estar pasando en la vida del delantero.

Partamos del hecho de dos situaciones claras. El vendedor debe tener la piel rasposa y dura como un caimán, si eso sí, no puede desinflarse de un NO, es más un NO debe saber que puede transformarse en un Si probablemente en meses o días o años y que habrá otra fuente de agua para sustituir la sed. Si no es ambicioso y no es persistente mejor no lo contrates.

Por otro lado, a pesar de ese poder de levantarse, sacudir y seguir buscando prospectos, es una flor que puedes en algún momento del partido desmotivarla a un punto de que comience a marchitar, eso está en tu control y deberías detectarlo y reengancharlo a que vuelva al camino de negocios. Pero que sucede si está en un loop – círculo de negativismo por situaciones personales, de terceros o financieras que desconoces. ¿Tú crees que por más artista que sea y que le hayas provisto del mejor escenario para la tarea puedas tu pedir las mismas cosechas? Tendrías que ser muy iluso si piensas que va a obtener el mismo fruto de las ventas y lo que es peor capaz que ni si quiera desee ir a buscar negocios y te está rellenando con mentiras piadosas ese CRM y tú le crees. Entonces debes tener la perspicacia para percatarte que anda en un círculo vicioso y que así no mantener los resultados.

Esos artífices de las ventas deben a pesar de presentar gripe, pasar una mala noche, un presentar corazón partido o un sentimiento de horror por las deudas que han contraído irse a convencer a otros de tus productos y mostrarles seguridad y sonrisas. ¿Pero si no están bien consigo mismo que esperas que suceda? No van a sacar sonrisas a pesar de su arte.

Por lo tanto, ese Director Comercial de orquesta deberá entender que es lo que está pasando en cada uno de sus pupilos de forma constante para sacarlos de ese negativismo, incertidumbre o resentimiento contigo con una comisión que no le pagaste o con simplemente demandas que son injustas por más que sean o no verdad están parando tu maravillosa fábrica de ventas. Lo que pasa es que esa fábrica que tú tienes no produce sola. Son artistas que quieres que produzcan. Así como ellos venden tú tienes que venderles que pueden y persuadirles que sigan encaminados y no se sienten a ver como otros venden y ellos no, o que sientan que si se puede y que no están apartados y ya no les prestas atención. Todo por más mínimo les puede hacer que te boicoteen por más que pienses que no. Simple, no es una tarea la que ellos hacen y que solo depende de ellos, depende de otros. Pudieron hacer todo a la perfección y no obtener la venta, el cliente le pudo dar la regalada gana de parar la compra por que sigue sobreviviendo sin ti. Es más, podrían estar buscando trabajo en sus móviles en tu cara mientras estas celebrando tus triunfos o regañándoles por algo innecesario.

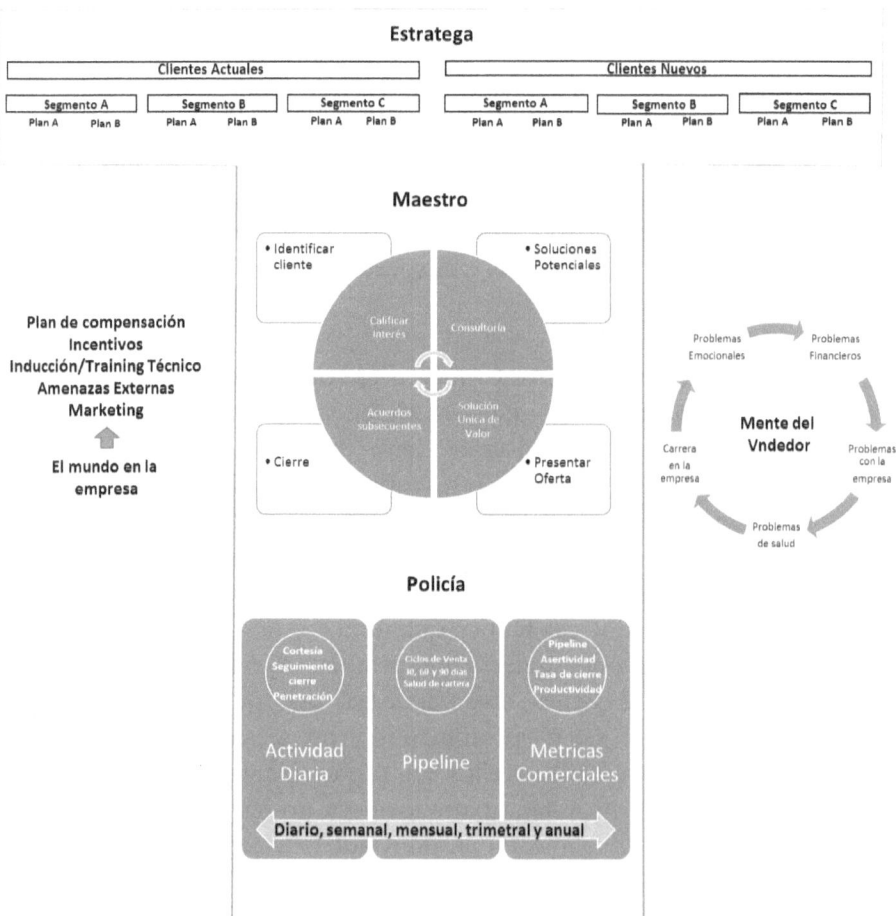

Son vendedores no son sumisos tampoco son santos y peor borregos, tienen éxito y crean el dinero igual que tú lo creas y mientras tú vas ellos ya regresaron. ¿Qué desolador... verdad? Peor sabiendo que eres el sanduche, los necesitas y estás en el medio de tu jefe, ellos y el cliente. Tampoco se vale que salgas a vender por ellos siempre. Por lo tanto, deberás sacarlos de su zona de confort sin revelarlos. De repente se ponen de acuerdo y conspiran contra ti, y si ya se ven fuera de repente pueden sacar los datos de la empresa sin que tú te inmutes. ¿Y ahora qué haces entonces con esos angelitos? Parece que es una tarea de locos. Sí que lo es, porque estás tratando con estrellas y así esta raza se comporta. No te compran todo lo que dices y, además te están midiendo constantemente y tratando incluso que les hagas su trabajo. Además, pueden tener mucho más poder dentro de la organización porque conocen más a sus clientes, también podrían ilusionarte con futuros cierres y tu como eres un espectador y no visitas o contrastas la realidad te la crees y llega el trimestre ofreces y no cumples, nuevamente burlado y engañando a tu entorno.

¿Qué salida existe? Me da ganas de abandonarlo a la suerte. No, si se puede influenciar y tener control pero debes usar otra indumentaria y es la de terco con convicción y **dueño del negocio** y pasa por ser titular del entorno de las ventas como un verdadero técnico de campo que debe definir las reglas de juego, los horarios de las prácticas y eso se llama **Proceso Gerencial de Ventas** en donde truene, llueva o relampaguee debes tu seguirlo así tengas la seguridad que ya no hace falta mantenerlo porque coincidencialmente cayó una de las juntas con un feriado, o porque conquistaste la Luna seguro que luego tus exigentes jefes más tarde te pedirán que asciendas a Marte. Por lo tanto, no tienes alternativa de ponerte la indumentaria de "Dueño del negocio".

Es tuyo entonces lleva un proceso que cumplas pase lo que pase y que no te venza la confianza o las ganas de excepcionarlo por que las cosas van bien o si van mal ya no perder el tiempo en aquel duro trajín de reuniones.

Ese proceso es el único proceso que NO puede ser reemplazado o engañado.

Inicia planeando tu año, mínimo 3 meses antes que comience el nuevo.

¿Qué vas a hacer en al inicio de tu año? Al inicio de mes, al inicio del trimestre. Pregúntate y respóndete tú mismo, tú debes seguirlo nadie te obligará ni tu jefe ni tu esposa ni la persona de recursos humanos, peor tu asistente, serás tú el único que podrías burlarlo o no.

Mejor si te auto convences de que si es necesario, podrías escoger en innovarlo, pero no tanto a que los marees. Y que tú te desacredites, mejor que no se te ocurra cancelar reuniones ya citadas por que la gente sabrá que te estás contradiciendo o lo que es peor es que estás perdiendo el control y que lo que dijiste era mera pantomima para inicialmente sugerir un orden y estrategia y se te reirán sin demostrarte y sabrán que podrán hacer lo que les dé la gana.

Mínimo deberías reunirte **una vez al trimestre para entender su carrera (en una reunión con cada uno)**, sus números a la fecha, lo que puede pedirte o quejarse de ti y al mismo tiempo deberás decirle una retroalimentación que marque su carrera. Habrá acuerdos y deberás cumplirlos y una parte de varios donde sabrás más de su vida personal.
También clave reunirte **dos veces al año para medir su desempeño** con métricas pactadas previamente que deberán estar atadas a tus objetivos y al de tu empresa, pero no le pongas muchas. Debes medir su performance de ventas, su actividad diaria de ventas y que tanto ha incrementado su cartera de prospectos. Si mides eso ya estás en buen camino. Ojalá puedas

entender como han incrementado sus competencias y
haces la medida.

Las reuniones de operaciones mensuales deberán
ser impajaritablemente cumplidas por todos y en una
cita con la verdad, con el cuestionamiento y con la
motivación. Deberían al término de la misma entender
los números alcanzados en el mes anterior y como
se contrastaron con lo ofrecido y con la cuota, lo
propio para otros períodos antecesores y con el corte al
avance del año. Posteriormente deberías influenciarlos
para que compartan **casos de éxito** que podrían
repetirse y casos de fracaso para no repetir, eso no lo
presentas tu sino ellos. Para finalizar la revisión de
resultados anteriores deberías **reconocer a los que
más aportaron** en el mes inmediatamente anterior.

Avanza la junta y deberías empezar a cocinar lo que
vendría hacer el pronóstico del mes en curso y de tu
Rolling **Forecast** (60 y 90 días). Cada uno deberá
defender su trabajo. Sino tienen prospectos y no tienen
resultados para que los tienes, si tienen resultados y no
tienen prospectos están con vida y así muchas formas
de ir concatenando lo que buscas. Tú debes entender si
esos negocios que te están cantando son reales o son
fruto de la imaginación de ambos. Lo que califiques
deberá darse y será un compromiso a rajatabla que debe
cumplirse. Esa conversación es sin duda la más
importante que ronde en tu oficina por todo un mes y
mínimo otra parecida por trimestre involucrando a
otras áreas. Sigue la junta y deberías tener claridad cuál
es tu resumen de cantidad y montos de prospectos, de
cierres, de cartera y de descartables, cierras con un
compromiso a alcanzar y el peor caso como escenario
menor. **El que deben perseguir todos es el mejor
caso**. Todos tienen responsabilidad en distinta manera.
Habla luego de que **estrategia** van a seguir todos en ese

mes, pídeles lo que requieras de ellos que no están haciendo y también reconoce lo que sí están haciendo bien. No les creas tanto. Finalmente deja un espacio **para otras áreas** que quieras involucrar y a **varios de la reunión**. Haz una **minuta** y mándalas, este acuerdo rondará todas las conversaciones futuras en ese mes.

<u>Reuniones semanales de avance</u>, claves para entender si vas en el camino correcto y cuando activar planes B, C o D. Si todo va bien perfecto, acuérdate que los prospectos deben seguir avanzando diariamente. ¿Pero qué pasa si las cosas van mal? No puedes pertenecer al grupo selecto de "Last Minute Surprise" por qué si es así deberás aceptar que no estás en control. Y que estás llegando a ser innecesario.

<u>Plan de carrera anual</u> con real expectativa debe ser discutido, acordado y cumplido.

Y si no se cumplen los pronósticos con alguien de tu equipo y/o no hay resultados positivos y has invertido mucho en ellos? No puedes correrlos sin que no exista un **proceso de mejoramiento escrito**, pactado de lado y lado anunciando las métricas que le permitirán salir de ese proceso o conducirlo hacia la puerta de salida de tu empresa. Ese proceso se activa cuando tú lo consideres, pero debes ser consistente con todos y no solo con pocos.

Una organización de excelencia operacional de ventas tiene pilares como la *cobertura del mercado, un buen plan de recompensas y compensación, gente en constante entrenamiento — una escuela de ventas, seguir un proceso gerencial de ventas estructurado y, cimientos de liderazgo de sus directivos, clientes leales y satisfechos.*

Retomemos de que se trata la habilidad en ventas, consiste en convencer al cliente de seguir avanzando, no siempre las ventas se hacen en días, semanas. Pueden tomar años. Pero la habilidad también es tener otros clientes en otros ciclos que puedan solventar un retraso con el cliente más jugoso. La habilidad es presionarlos, pero no lastimarlos, es que te puedas ir con un "no" momentáneo, pero con altura, y que el cliente perciba que tienes sinceras intenciones futuras de apoyarlos y no solo en venderles. Tienes habilidad en ventas cuando te llevas muy bien con tus clientes sin llegar a ser amigos.

¿Y el arte?

La primera impresión cuenta y se forma de 7 a 20 segundos. Tu cliente te juzgará la mayor parte de su vida en menos de 1 minuto. Si descuidas esa primera impresión corres el riesgo de jamás venderle o de tal vez ganarte en esas micras de minuto.

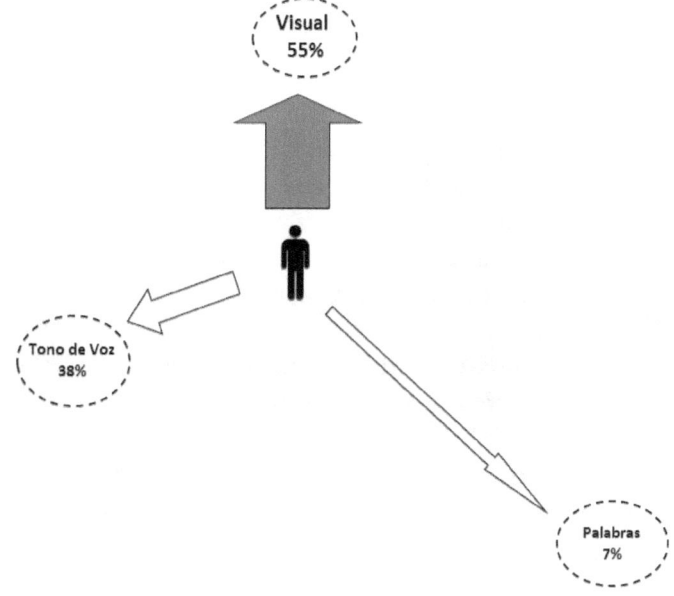

Y te escogerá como uno de los finalistas por tus capacidades intelectuales – de interacción, tu personalidad y las referencias que puedas mostrar. Debes cuidar cada detalle.

El arte consiste en vestirte para la ocasión, invertir como un artista para producir una imagen tuya que va más allá de la marca que representas, entonces eres un artista comercial que maneja distintos escenarios que van desde el discurso que utilizas con los Vicepresidentes o con el más sencillo de los operadores. Debes actuar no se vale un discurso plano con cada uno de los estratos, debes mutarte en los intereses que compartes y en los tópicos que topas sin llegar a ser hipócrita, pero sí sensible. No puedes pasar por alto de la asistente sin desearle un feliz día cuando aplique, deberás aprovechar cada interacción como si fuera la última con tu cliente. Si es una primera ocasión con un Alto directivo deberás hablar en alto nivel de contextos y conceptos y articular la proposición de valor con palabras que generen el mismo idioma de tu interlocutor, las modulaciones de tu voz deberán subir o mantenerse en todo de tu discurso, si el cliente ve que entraste en éxtasis sabrá que quieres transcender y no solo el cobrar tu comisión y cuando se dé cuenta que generas valor más allá que tu producto querrá utilizarte sabiamente para escalar a merced tuya en su institución y será tan lícito que tú no te ofenderás sino te maravillarás de eso. Lograrás haber hecho arte cuando tus clientes o contactos se apoderen de tu proyecto que quieres vender, si ellos venden con mayor vehemencia que tú mismo a sus otros compañeros internos.

Tus clientes sabrán que haces arte, cuando puedan herirte a propósito con solo tararear el nombre de tu competidor y sabrán que existen sentimientos al respecto y que saben que tienen poder sobre ti y tu deberás fingir que así es. En el fondo es así. Sabrás vender con las palabras necesarias que te entiendan, pero no. Sino al contrario sabrás presionar el punto ciego hasta no romper el tiempo dedicado a ti y a tu empresa y el cliente sabrá que es un placer hacer negocios contigo porque eres inteligente y por qué le genera placer tus interaccione porque saborea la relación y gana cosas a partir de tus negocios por que los nutres porque es positivo y cuando no te hará sufrir y tú sabrás dejarte herir porque su ego está en juego.

El sabrá que tiene confianza en ti más allá que en tu marca. Deberás sacarle sentimientos más que cheques por tus servicios y hablarán de ti por tu persistencia por tu mística por tu pasión y en sí el cliente percibirá que tus ofertas son únicas, aunque no lo sean, pero tú las armaste con tu discurso personalizado hacia sus necesidades y ve que si es factible. Deberá soñar en un imposible con pasos reales y deberás ofrecer cosas nuevas arriesgadas al punto de que pueden correrte, pero con la posibilidad mínima que si cumplirás tus ofrecimientos y entonces habrás ganado a tu competencia por qué hiciste un empujón que ellos no se atuvieron y deberás ser tan profesional en cada paso que el incisivo deberá desaparecer cuando la etapa sea de implantación y pasará otro personaje en escena. Esa capacidad de auto renacer y desaparecer y reaparecer será propia de la actuación y solo está en manos de esa persona que trasciende en las ventas. Deberá sentir las ventas como un orgasmo intelectual más allá de una comisión, serás un actor cuando salgas de la venta cerrada y puedas sentir una alegría indescriptible que seas capaz de gritar de cantar a los siete vientos que vendiste ese proyecto que se veía imposible pero que tu siendo único lo lograste y que si hubiera estado en otras manos sabrás que no se hubiera logrado y es entonces cuando sabes que actuaste en cada minuto de la relación, con algo de osadía y con mucha humildad que solo les faltó humillarte y cerrarte la puerta en la cara un día y otro te tendieron la alfombra roja para que pases.

Te fuiste ganando la confianza de un gruñón o tuviste que gastar tu hora de reunión el 90% hablando de otros temas intrascendentes y gastabas las energías y tiempo cuando sabías que no tenías el pan de cada día ganado con ese cliente pero que solo tu sabías y ni tu jefe que esa conversación intrascendente era tu mejor inversión con ese contacto. Y cuando no sabías muy técnicamente el producto y alguien de tu equipo estaba mareando al cliente y tu debiste interrumpirlo para no quemar la venta. O los momentos que no podías saber de todo y tenías que aprender sobre la marcha, pero nunca dejando de avanzar por que debías aprender del viento, lo mejor de cada técnico que te acompañaba y sabías que botones apretar para parar esa farsa técnica para convertirla en un lenguaje entendible, esa capacidad de frenar a raya y esa capacidad de acelerar sin piedad para obtener los avances en tu contrato y que todo el mundo te critique por intenso o impaciente y solo tu sabías que funcionaría porque era parte del traje de vendedor.

Esa capacidad de mantener relaciones y cerrar tratos verdaderos sin caer en letargos o sin caer en romper el silencio de un sí solo los artistas de ventas lo logran y ganan enormes sumas de comisiones que les sirve para seguir gastando, invirtiendo y acercarse a su red de clientes sin ser un extraño sino siendo parte de su conglomerado.

Los clientes valoran tanto a esos artistas que a pesar de cambios de camiseta a otras empresas te van siguiendo para que ahora les vendas desde otra trinchera. Así de sólida podría ser tu marca personal.

Reinvéntate, no pares de aprender, no pares de estar en el campo, no pares de ser profesional, no pares de soñar, no pares de avanzar, no pares de diferenciarte como vendedor, pero sobre todo no pares de **actuar**. Ese es tu trabajo, Sonríe y sigue intacto ante un "no", más bien inspírate y saca tu infundia interna para seguir en la lucha con ese cliente insensible hacia ti y que no quiere aceptar que debe adquirirte tus servicios. Solo con habilidad y mucha astucia lograrás convencerlo TU.

Recuerda actuar en los momentos más insignificantes o desapercibibles como en un restaurant donde debes reflejar glamur y sencillez a la vez. O en un brindis, no pienses que es válido que tu cliente brinde con vino y tú con un juguito de naranja o con agua dividiendo la celebración con parquedad. Habrás tronado si no estás en la misma línea.

No hables a tus clientes de cosas que no le agradan y esos mismos tópicos o productos que no les gusta a esos clientes, les podría gustar a otros y ahí sí podrás toparlos. Eso significa una actuación por cada cliente y eso hace la diferencia. Acuérdate que no a todos les gusta el cine mudo o el cine de terror, sabrás el discurso adecuado para cada uno. Esa actuación improvisación deberá ser sana NO manipulación, recuerda que el beneficio es para ambos.

Finalmente, **el principal vendedor de la empresa debe ser el Gerente General**, mostrando un placer de hacer negocios, enfocándose a los clientes internos y externos. Buscando la excelencia operacional más que aspectos de control o netamente de dineros. El dinero se crea a través de oportunidades convertidas en prospectos constantes. Y ese principal vendedor debe asegurarse que los vendedores que tenga en su empresa tengan energía, que puedan influenciar positivamente al entorno, empujen a la organización hacer cosas diferentes y no sean teóricos, sino que constantemente EJECUTEN las actividades comerciales. El Gerente General deberá encantarle la gente de ventas y jamás se referirá a ellos como .... "Estos vendedores son unos lagartos, siempre quieren ganar, no les demos esto o aquello......", sin duda que lo son, pero sin ellos jamás podrían sobrevivir. Eso denotará que no son Gerentes Generales sino parte del conglomerado que complace a sistemas de arriba para seguir enquistados sobreviviendo.

"Las personas de ventas en excelencia buscan oportunidades y no dan excusa por sus fracasos, aprenden de los errores, buscan la respuesta adecuada a cada situación e incansablemente buscan el éxito"

De que está hecho
el dinero

El dinero es libertad
Jürgen Klaric

Las claves de la riqueza y la prosperidad financiera indico que no tiene nada que ver con magia, con herencias, con estudios asegurados, con golpes de suerte. Es más, si juntáramos todo el dinero que hay en el planeta e hiciéramos una repartición equitativa para cada persona, transcurriendo 5 años volvería el dinero a las mismas manos que hoy en día reposa y se reproduce a diario.

No es menos cierto que el 60% de las personas que se ganan la Lotería al cabo de 5 años nuevamente regresan a su situación financiera anterior e incluso con más deudas y en una ruina total.

La diferencia entre las personas en prosperidad financiera y las personas en una mediocre situación está en cómo procesan sus *pensamientos* y *como educan a su forma de pensar cuando los pensamientos vienen de la nada.*

Los ricos piensan en **yo creo mi vida** y tengo el poder total de lo que está en mi destino a diferencia de los pobres que constantemente piensan en que la vida es algo que les toca vivir y que sucede en otro lugar, las culpas de sus desgracias normalmente tienen otros como el mismo gobierno, la competencia, los sistemas, etc. perdiendo las riendas de su vida como una hoja que cae en el piso y el viento la lleva por donde va su dirección. Se traduce en un pensamiento netamente pobre y te llevan a la mediocridad. Las personas pueden cambiar su vida constantemente y pintar en el lienzo blanco de su vida como un pintor con toda la creatividad y determinación de obtener lo mejor, diseñando la vida que están en nuestros sueños. Los objetivos para esto es clave y las limitaciones se encuentran en celdas de tu mente y no en la vida real. Tu vida debe convertirse en tu mejor obra de arte siendo el arquitecto de tus anhelos.

Otra importante diferencia es que los ricos **juegan para ganar** y los pobres juegan para no perder. Y en eso se basan los riesgos y pequeñas inversiones que están en juego. Les gusta productos con muy poco riesgo y no aceptan propuestas de negocios por miedo a perder, mantienen trabajos que no les gusta y aun así no cambian su vida, recuerda que el mismo esfuerzo de adquirir un bien raíz en un suburbio no conocido y adquirir otro en un lugar más privillejado es casi el mismo, necesitas inversionistas, un plan comercial y mucho trabajo; la diferencia es que si ganas en la mayor inversión te haces millonario y en el otro NO. Tu primer millón debe estar en tu mente.

Las diferencias se notan en el **compromiso que adquieren** los ricos con su patrimonio financiero mientras que los pobres desean ser ricos pero no hacen nada para ello, ven con ilusión en el cine o la televisión como circulan los ricos con sus yates, con sus autos y en las mansiones que viven y comparten con sus familias desearía tener lo que ellos tienen, "sueño con esas posesiones, ya tendré uno"; sin embargo las neuronas no las ponen a funcionar para obtener esos coches yates o demás lujos que son parte de la vida de los ricos. No hay sueño inalcanzable, es más tu puedes obtener ese mismo millón, esa casa de tus sueños, ese viaje inhóspito que siempre has querido tener y cuando cambies tu forma de pensar lo vas a lograr. La llave que puede permitirte abrir el tesoro se encuentra en tu mente y como la educas y vas evolucionando como persona viviendo tu propio largometraje. Las cosas no suceden de milagro depende si las activas y haces que sucedan. Los principales contratos que debes firmar son contigo mismo.

El tamaño de los pensamientos también hace la diferencia, los ricos **piensan en grande** y los pobres en pequeño, debemos siempre apuntar alto, la diferencia entre un proyecto grandioso y un proyecto mediocre no distan mucho y son ínfimos casi siempre los ingredientes que los separan son muy pocos. En ambos puedes perderlo todo, pero si ganas en el grandioso serás alguien en el mundo. Si quieres llegar a la luna apunta mínimo a las galaxias todo depende de donde fijes tus metas. Céntrate en las oportunidades no en los problemas. Con solo pensar creas tu alrededor lo construyes o lo destruyes con los magnetismos que generan tus pensamientos y las conexiones de estos con otros módulos cerebrales por lo tanto si das mucha importancia a los obstáculos vas a fracasar y las acciones siempre van a obedecer a los pensamientos, si piensas que no lo vas a lograr desde un inicio no lo harás así existiera un golpe de suerte en el camino. Los ricos siguen enfocados en las metas, la gente pobre en sus problemas y hace imposible el avance. La negatividad de la riqueza les confluye dejándolos ciegos en plena claridad. Cuando tengas una crisis es la mejor posibilidad de cambio para que la conviertas en una oportunidad como sucede en el idioma chino en donde la simple palabra crisis es sinónimo de oportunidad.

Todo lo malo todas las desgracias todo el sufrimiento deben ser transformados a oportunidades que te están pasando.

Ese sentimiento de envidia también es corresponsable directo a un límite que separa entre los ricos y los pobres. Los ricos **admiran a otras personas prósperas** y los pobres envidian a las personas ricas. Nota que cuando estas en uno de los sectores más céntricos de tu urbe y aparece una persona con un auto fenomenal y llena de glamur, el común de las personas dirá que fue una herencia porque lo habrán conseguido o lograron con corrupción y no se centran en entender que hicieron esas personas para tener esas posesiones, si te pasa eso por la cabeza saca y erradica esos comportamientos y más bien busca la forma de obtener información valiosa para que tu obtengas lo mismo o más. Es importante diferenciar que las personas envidiosas no quieren tener lo que tú tienes, pues quiero que te enteres que es algo diferente, esas personas quieren que *tu no poseas lo que tú tienes*, es decir quieren que pierdas lo que has conseguido. Más productivo que esos pensamientos ruines y negativos es mejor que te intereses en aprender como los ricos han obtenido lo que poseen y preferiblemente que busques en biografías de personas ricas, las leas las entiendas y escudriñes cuál fue el secreto de su éxito. Sin duda esas personas sorprendentemente empezaron desde cero muy parecido que tú, gente como Bill Gates, Steve Jobs, Amancio Ortega, trabajaron duro y bien desde el inicio e hicieron que luego el dinero trabaje por ellos.

Los ricos se relacionan **con personas positivas** y prósperas y los pobres se relacionan con personas negativas y sin éxito. Somos adaptables a nuestro entorno, es decir que según las personas que estén a tu alrededor ellas te influirán fuertemente en tu accionar y tu futuro, basta recordar los antiguos refranes "dime con quién andas y te diré quién eres" o "preferible estar solo que mal acompañado". No debe ser por interés juntarse con las personas de éxito, sino que desarrolles relaciones con individuos o grupos que te aporten y que compartan tus mismos intereses, gustos, valores y aspiraciones. No te dejes arrastrar por el entorno, si es así, es hora de cambiar de ambiente y rápido.

Los ricos están dispuestos a **promocionarse ellos mismos** y los pobres piensan negativamente en relación con la auto venta-promoción. Es importante venderse uno mismo y no se trata de egocentrismo o simple afán de fama, debes vender al mundo tus potenciales y tus fortalezas; es hora de pensar a armar tu primer blog, de exponer tus ideas propias en las reuniones públicas, tus luchas, tus victorias y generar una marca personal, esa marca personal que no es más que aprender a venderte tú mismo con el mismo esfuerzo e intensidad con que trabajas para otros, si logras eso, vendrán los grandes resultados más adelante y ayudarás al mismo tiempo a otras personas con esa generosidad de compartir conocimiento. Invierte en convenciones en espacio de coworking en webinars en exposiciones en ferias nuevas que te agreguen punto de vista diferentes, invierte tu tiempo en aprender otro idioma, nunca es tarde para que te reinventes; tus contactos crecerán y verás que tu red se amplía cada vez más. Empieza a trabajar YA en tu marca personal.

Los ricos **son más grandes que sus obstáculos** y los pobres más pequeños que sus adversidades, cuando has tratado de emprender 4 negocios y los 4 han fracasado y luego intentas un 5to. y ese nuevo logra el éxito te ríes de los fracasos, te parecen bobadas. Ha habido muchos ejemplos de gente que ha tenido que soportar terremotos, inundaciones, desgracias, esas personas tuvieron que hacer cosas impensables para sobrevivir como los miembros del equipo de futbol que su avión cayó en un nevado en medio del Argentina y Uruguay. Esos sobrevivientes son muy exitosos, obtuvieron altos niveles de estatus social, altos cargos directivos, dueños de empresas, etc. Luego del accidente no fue coincidencia que todos ellos hayan triunfado ni tampoco por la suerte. Se enfrentaron a tantos desastres que los problemas de la vida les parecía una tontería una pequeñez. Si no has salido de tu burbuja cualquier problema pequeño te parecerá una tragedia, cosas tan simples como que tu computador no procese con la misma velocidad o que hayas perdido tu billetera con todos los documentos pensarás que quedas pasmado e inmolado en el tiempo y la invalidez estacionaria y no es así.

Los ricos son **excelentes receptores** y los pobres son pésimos receptores. Las personas con éxito son curiosas, observan, están al tanto del quehacer cotidiano de su comunidad de su industria de su competencia de su gente de su familia y de las noticias del mundo para encaminar sus decisiones. Si prefieres seguir inmiscuido en noticias del corazón que no te agregan nada y prefieres aceptar lo que diga la televisión no tendrás el criterio para discernir que si lo hubieras tenido si hubieras leído al menos un libro cada trimestre. Una persona de negocios siempre está trabajando en su concentración y en ampliar su panorama con nuevos escenarios no solo los que vienen empaquetados en su empresa o lo que dicta la opinión pública. Todo lo que no te acerca a tus sueños te está alejando de ellos. Se muy crítico en consumir programas, información para que formes criterio verdadero, consume contenido de calidad.

Esta parte es crítica, los ricos elijen que se les **pague según sus resultados** mientras que los pobres eligen que se les pague por el tiempo empleado. El tiempo es lo más valioso y debe ser cuidado cada instante, Es más el dinero puedes recuperar en cualquier momento si te lo propones pero el tiempo sencillamente no lo puedes recuperar, por lo tanto si crees que la única forma de ganar dinero es por las horas que inviertes en tu trabajo siempre estarás limitado, porque simple y sencillamente el día tiene una cantidad de horas máxima de 24 horas, nunca crecerás; mientras que si decides obtener tus ingresos en base a resultados cumplidos, puedes apalancar tu esfuerzo para geométricamente exponenciar tus ingresos, y ese apalancamiento podría venir a través de más personas que crean en tu modelo o el implementar maquinaria que lo haga por ti. Al ser el dueño de la visión podrás ausentarte momentáneamente y habrá alguien que produzca por ti.

Los ricos piensan **yo quiero las dos cosas** los pobres se conforman con una de las dos, ellos afirman se puede tener una de las dos. La típica frase "no se puede tener todo" pero la buena noticia es que, si se puede tener TODO, si te conformas con una sola cosa estará seteado tu cerebro para eso. Recuerda que entre el coche que utilizas y el coche de tus sueños hay un par de acciones que los separa. Cuando vas obteniendo dos cosas a la vez o más de dos, tu cerebro y tu lógica paralela del éxito está entrenándose para seguir en el mismo patrón hacia el futuro. Debes repetirte cada instante que si se puede tener todo. Repítelo constantemente y evita a las personas que te rodean y viven de privaciones en su mundo limitado, cambia de amistades. Cuando las personas que no están consiguiendo lo que tú lo estás logrando intentarán arrastrarte con fuerza para que no sobresalgas, como el cuento de los cangrejos que prefieren que todos se cocinen vivos en la olla a que uno de ellos se escape con vida. Recuérdalo ellos no quieren lo que tú tienes, quieren que tú no tengas lo que tienes. "Mal de muchos, consuelo de tontos", si yo no he conseguido lo que he querido al menos me conformo sabiendo que el resto tampoco lo tenga. Si te identificas con esta forma de pensar, ¡cambia ya! No codicies lo que otros tienen, trabaja en tu cerebro para sobrepasar esos ejemplos. ¡Preferible millón de veces a que los admires a que los envides!

Los ricos se enfocan **en su fortuna** y los pobres se centran en lo que ganan con su trabajo. En círculos promedio el tener un trabajo con un buen sueldo y con prestaciones envidiables es señal de estatus y de importancia, mientras tanto en círculos más críticos con habilidades financieras una persona que a lo mejor gane la mitad de lo que gana una persona con su duro esfuerzo, pero con ingresos pasivos es ampliamente respetada. Una persona rica se llama rica cuando su patrimonio le genera ingresos entre (acciones, efectivo, propiedades, empresas).

Los ricos **administran bien su dinero** y los pobres administran mal su dinero. Una persona pobre ve 1000 dólares y dice unas vacaciones en el Caribe y una persona rica ve 1000 dólares y dice 8 acciones de IBM. El uno ha gastado y el otro ha invertido en su patrimonio, el mismo que le generará dividendos futuros. Y lo peor cuando se trata de objetivos de ocio, una persona pobre no duda en endeudarse para irse de compras navideñas o a las ansiadas vacaciones, una persona rica huye de las deudas para obtener lujos o placer. Pide créditos para apalancar sus esfuerzos a través de personas o maquinaria. Puedes desplumar varias veces a un ave, despellejarla una sola vez. Invierte inteligentemente y con los beneficios que obtengas comienza a satisfacer tus lujos.

Las personas ricas **crecen su dinero de forma exponencial** ya que el dinero está a su servicio y la gente pobre crece sus ingresos de forma lineal e incluso a medida que crecen sus salarios crece paralelamente sus gastos con lo cual el restante sigue siendo el mismo; es más si te dedicarás a ser plomero y debes arreglar un grifo solo podrás repararlo una sola vez por lo que el ingreso no cambiará a no ser que tengas la única vía a través de un incremento salarial de tu jefe. Mientras que, si estás estudiando fuertemente por mucho tiempo una inversión, esa inversión podría darte réditos de por vida y ya no tendrás que seguir enfocado a eso sino tendrás tiempo libre para seguir curioseando más fuentes de riqueza. No trabajes muchas veces para conseguir más, trabaja una sola vez y bien para obtener muchos réditos a largo plazo. No es lo mismo tocar en una orquesta en donde te pagan por cada sesión que encerrarte en un estudio de grabación y romperte la cabeza creando una canción que impacte y te llene, y así ganes de las regalías de por vida a través de la canción en forma pasiva.

Los ricos **a pesar del miedo actúan** y los pobres dejan que el miedo los paralice. Relegas las decisiones decisivas para cuando alcances tu próximo postgrado o cuando el gobierno libere ciertos impuestos o cuando tus hijos ya estén más grandes o cuando cumplas los 50 o cualquier otro acontecimiento que suceda primero antes de invertir o cuando ya no tengamos crisis en el país. Las disyuntivas son claras, lo peor que te puede pasar si fracasas o lo mejor que te podría acontecer si triunfas, más del 80 por ciento de las veces los beneficios superan a las pérdidas y caerás en cuenta que tus miedos han sido alimentados por el ambiente que te desarrollaste e incluso por las vertientes que alimentaron en tu juventud tus propios padres o debido a tus modelos a seguir. Que tu instinto te guíe siempre, deja rienda suelta a las emociones y las intuiciones. Si fuera lógico jamás Einstein por juicio de sus profesores hubiera sido un genio de la física y matemáticas o los propios Beatles jamás hubieran tenido éxito mundial si fuera por la ex profesora de música donde el cuarteto hacía sus primeras prácticas.

Los ricos **aprenden insaciablemente** los pobres creen que se las saben todas. Aprende toda la vida, aprende de tu industria y hazle la guerra al chisme a la pérdida de tiempo y a cualquier contenido que boicotee tu creatividad y tu desenfreno. Es más casi seguro que los cargos y trabajos que se requerirán en los próximos 20 años no se han creado aun y por lo tanto las posibilidades son infinitas. El mundo no permite a los orgullosos, prepotentes y a los simples triunfar ya que está el planeta en constante cambio y el cambio exige que te desacomodes constantemente para reafirmar si lo que has conseguido es suficiente, reaprende, desaprende y vuelve de nuevo a recomenzar y refundir tus miedos, desate de ellos y piensa que cada oportunidad de éxito o fracaso depende de ti. Simplemente la gente pobre actúa como si ya lo ha vivido todo, pero su situación económica no refleja en absoluto las trabas o los diagnósticos aversivos que te están prediciendo, como cuando afirman fehacientemente que ese negocio que tanto estás soñando no dará frutos.

Evita los pesimistas los teóricos y prefiere los prácticos y los "que aprenden constantemente".

Por lo tanto ¿el dinero de que está hecho? No está hecho de papel, ni tampoco de herencias, ni de la suerte, ni de la magia ni para los privilegiados. Está hecho principalmente **de pensamientos positivos.**

La fórmula es:

Pensamientos positivos a la quinta potencia

+

Mucho esfuerzo desde la primera vez y en varias aristas

+

Compromiso de triunfar a la triple potencia

+

Escoger un buen entorno, amistades e influencias

+

Inversiones al patrimonio

+

Marca personal

+

Piel resistente (piel dura)

+

Información valiosa

+

Resultados y **tiempo productivo**

-

Envidia, miedo, orgullo, deudas, Horas Extras y lujos innecesarios

En resumen, **el dinero representa el valor agregado UNICO** que ofrecemos en todo sentido a la civilización como transeúntes que somos de la sociedad. *Ese valor mientras lo ofrezcamos no nos faltará el dinero*, probablemente tendremos ciertas limitaciones un tiempo por un despido injusto que hayamos sido objeto o por una enfermedad grave que implique deshacernos de nuestras propiedades temporalmente o por una catástrofe natural o por una desgracia en la economía mundial o por una mala inversión que nos implicó la quiebra económica momentánea. Por lo tanto, el dinero se crea constantemente y el papel moneda que hoy utilizamos, pierde su poder adquisitivo si como sociedad no entregamos ese mismo valor.

Hagamos una reflexión con respecto al Bitcoin, en los próximos años se está especulando que irá creciendo esa moneda electrónica que reemplazará las bóvedas de dinero que poseemos en los bancos o ese respaldo en oro que aun forma parte de las economías más avanzadas. El dinero es confianza, mientras las sociedades vayamos otorgando confianza en los bienes y productos que ofrecemos y que nos hacemos cargo, la gente estará dispuesta a pagar en libras esterlinas, en sucres, en dólares, en pesetas, en euros, en pesos o en dinero electrónico a cambio de recibir nuestro valor. Lo importante es como administras tu valor y lo que obtienes por ello.

Dinero = Valor que estás entregando a la sociedad – Los vicios de la gente que no aporta

O desde el punto de vista más extremo

Dinero = tu tiempo.

El que no tiene tiempo para vivir su vida haciendo lo que le nutra y lo que realmente desea, es pobre. La medida de riqueza es el tiempo. No seas esclavo de nada ni de nadie pues tu poder adquisitivo podría menguarse a pesar de que acumules monedas de oro. Mucho más si estás algún momento se esfumarán.

Siempre hay tiempo de ganar dinero, de amansar patrimonio sobre todo y de acumular riqueza y abundancia material. Si lo pierdes o se ausenta de momento, lo volverás a ganar, pero el tiempo que nos ha sido asignado es único e irremplazable. Todos somos millonarios cuando nacemos pues el tiempo está a nuestro favor con la historia en blanco, pero a medida que vamos creciendo y madurando una serie de decisiones desafortunadas y principalmente la improductividad de como utilizamos nuestro tiempo nos van empobreciendo pues estamos destinando tiempo valioso para el ocio innecesario los chismes las triquiñuelas y un sinfín de improductividades que nos van carcomiendo lo único que no es reemplazable o recuperable. Por lo tanto, utilizar la inteligencia financiera es obtener la mayor cantidad de réditos sin sacrificar mucho el tiempo, nuestro tiempo en familia y tu tiempo como ser vivo.

Debemos desafiar y retar la idea ortodoxa de riqueza que es
Ganar Dinero = (Mucho esfuerzo + 20 días al mes invertidos + Horas extras + muchos títulos)

Es más, si somos más crudos antes no existía dinero, las personas intercambiaban bananos con maíz y cuando se dieron cuenta que algunas cosas no eran equiparables como por ejemplo un caballo vs. un huevo tuvieron que hacer paridad con metales hermosos que la gente podía resguardar para intercambiar los bienes y servicios. Por lo tanto, el dinero es un invento del ser humano que NO existe en la vida real y que para facilitar y no tener que cambiar por miles de toneladas de huevos un caballo, el ser humano acepta un modelo de tipo de cambio que es el dinero y el dinero como no existe tenía que darse en monedas de oro o reservas de oro. Por lo tanto, <u>necesitamos dinero para obtener las cosas</u> <u>que NO producimos por nosotros mismos</u> como una simple leche o una onza de azúcar.

Como el ser humano es muy altruista nos ayuda por supuesto otorgándonos créditos y nos prestan el oro, obviamente no nos vende el oro.

En tiempos antiguos y hasta el día de hoy como necesito dinero me presta el banco ese circulante; por ejemplo 10 monedas de oro por un período de 12 meses a cambio nos piden que le paguemos un 10% como interés; es decir 1 moneda. Lógico es que pidan interés pues nos está poniendo su oro a nuestra disposición y están asumiendo el riesgo de prestarnos, a cambio de esto nos pide una garantía.

Hace muchos años los dueños de huertos o de plantaciones dejaban en garantía sus patrimonios y a cambio seguían produciendo el banano antes mencionado, solo que debían pagar las 10 monedas y el interés generado al cabo de un año. ¿Cómo? Vendiendo los productos y tenían un año de plazo, solo que si no se vendían los productos y no se pagaba el préstamo el banco se quedaba con los huertos o las plantaciones, sin problema alguno.

El banco en sus arcas como ejemplo podía poseer una cantidad máxima de 100 monedas de oro para prestar, pero no solo el de la plantación de bananos necesitaba dinero, sino también el ganadero, el herrero, el carpintero, el de la mudanza, etc. y así sucesivamente.

El banco comenzaba a pedir que se les devuelva a los 10 clientes, pero 11 monedas cada uno de los diez necesitados; por lo tanto, el banco podía retirar 110 monedas, pero eso no es posible porque simplemente no existen 110 monedas en el sistema, existen solo 100. El banco no entregó ese dinero por nada. Existen 10 monedas en intereses que nunca podrán pagarse pues no existe ese circulante.

No hay problema el banco fue inventado por el hombre no para complicar las cosas sino para facilitarlas por lo que el banco aceptaba que solo se paguen los intereses y no el préstamo del capital y esperará. Si todos se pusieran de acuerdo y pagan el interés se da el hecho que tendrían 9 monedas e implicaría que no podrían pagar las 10; pues siempre había alguien que no podía hacerlo.

Pagaban una moneda cada año de intereses y en diez años siempre y cuando el banco les dejaba pagar el interés llegaban sin nada, desaparecía el dinero y sin embargo seguían debiendo el préstamo inicial, el banco recuperaba todo su oro mientras tanto nosotros solo habíamos pagado intereses y no teníamos nada, 10 monedas entre las diez personas que nunca podrán devolverse porque sencillamente NO existen. Se perderán las tierras, los animales, los alimentos como sucedió hace 10 años cuando necesitábamos dinero para adquirir lo que no producíamos. El banco tendrá todo lo que nos prestó al inicio más todas nuestras posesiones y nosotros no tendremos nada absolutamente nada. Nos convertíamos en esclavos financieros a cambio de nada.

Por eso es inminente el cambio de pensamiento a una inteligencia audaz financiera que promueva **los pensamientos, el tiempo y el compromiso con nuestra riqueza** y como vamos aportando a nuestro entorno, sea que seamos aun asalariados por vocación o por que empecemos al mismo tiempo a crecer en patrimonio que nos permita pasivamente ir nutriendo nuestros ingresos netos.

Trabajas de asalariado por vocación e hiciste una inversión y no ganaste los réditos esperados. Y lo que es peor, estas a punto de perder el capital que tanto luchaste en tu vida asalariada. Tienes dos opciones. Aprender o lamentarte.

Si aprendes del porqué perdiste, jamás se te irá de la mente esa experiencia. Eso es una ganancia sensorial. Las ganancias financieras vendrán luego cuando hagas una inversión más inteligente financieramente y lo mismo pasará con tu carrera, invierte hasta cuando sea rentable.

En busca de una nueva cultura

…La cultura es lo único que puede salvar a un pueblo, lo único, porque la cultura permite ver la miseria y combatirla, la cultura permite distinguir lo que hay que cambiar y lo que se debe dejar, como la bondad de la gente, el compartir una empanada, un vino…

Mercedes Sosa

Edgar K. Schein, citó en el 2004 definiendo a la cultura en las organizaciones como:

"El conjunto de normas y valores que caracterizan el estilo, la filosofía, la personalidad, el clima y el espíritu de empresa junto con el método de estructurar y administrar los recursos materiales y humanos que la configuran y teniendo en cuenta la influencia en la que se encuentran"

La cultura en las empresas es un fenómeno que se relaciona con todos los aspectos reales y subjetivos que las instituciones desarrollan, y básicamente se traduce en el "convivir diario" dentro de las empresas.

Involucra a esas interacciones de orden común que son compartidos e influyen en los niveles de colaboración como el trabajo en equipo, la innovación, la creatividad, las habilidades, la productividad, la efectividad, etc. y que identifica a una empresa en particular. Es tan importante la cultura que es uno de los **factores críticos del éxito** o fracaso de las organizaciones.

Esta convivencia se transforma en el conjunto de creencias, valores y principios que guían en el comportamiento interno de los individuos.

La cultura no la puedes medir; sin embargo, si las empresas pretenden evolucionar y transformarse en esta nueva ola de cambios, la cultura apoya a que los integrantes de los equipos se encaminen por el mismo sistema de valores y cohesionando a todos en la interpretación de los nuevos objetivos meta.

Por lo tanto, algunas de las empresas que han trascendido en el tiempo, otras que han evolucionado y finalmente las que han conformado las nuevas reglas en el mercado, todas estas, tienen muchas cosas en común: productos innovadores, excelente manejo de marca, altos estándares de calidad - niveles de servicio, grandes líderes, consistentes resultados financieros pero en especial han fomentado nuevas conductas en sus empleados que deben ser pautas valiosas y podrían ser adoptadas por varias organizaciones si son humildes y aceptan que sus culturas no les está apalancando su éxito de hoy en día ni a largo plazo.

La siguiente investigación se basa en varias de las empresas globales más admiradas de algunas industrias y trata de sacar resultados en común de cómo estas han fijado nuevos enfoques en términos de sus culturas organizacionales y resalta el impacto de cada uno de estos comportamientos en sus modelos de éxito.

Dentro de algunas de las empresas más respetadas que baso mi análisis al 2016 en relación a varias listas que se obtiene de fuentes de internet tenemos a: Starbucks, Google, Apple, Facebook, Walt Disney, General Electric, Berkshire Hathaway, Amazon. ** Estos datos pueden no ser exactos, pero reflejan una realidad cercana.

En Starbucks,

- Filosofía corporativa en común, en cualquier lugar del planeta (Misión, Visión y Objetivos Estratégicos)

- Valores absolutos e irrenunciables.

- Ambiente cambiante, pero con ánimos de inducirlo al ámbito positivo.

- Altos estándares de comportamiento de sus empleados: Dentro y fuera de la empresa.

- Amabilidad y pulcritud.

En Google,

- Felicidad de su gente, les interesa que la creatividad de sus genios no tenga límites y pueden incluso incentivarla más dando rienda suelta a nuevos espacios de confort dentro de sus oficinas, inspirando el espíritu lúdico y de esparcimiento sin igual.

- Contratación por criterio, talento, utilizando recursos varios, raciocinio y formas creativas de respuestas a aspectos inciertos, en donde no existe una contestación única. Son una compañía extraordinaria y quieren gente extraordinaria. Las respuestas pueden ser varias y muchas válidas, lo que no se acepta es un "no sé" como respuesta.

- Sistemas con altos estándares de inducción a empleados, desarrollo de estos, sistemas de compensación y capacitación de su gente. Lo que implica altas inversiones pero que contrastan evitando la insatisfacción laboral, rotación del personal, frenando de forma lógica que se muden a la competencia, menor desperdicio de tiempo en capacitar a nuevos empleados por reemplazo, lo cual mejora positivamente la productividad de sus colaboradores.

- Cultura basada en datos cuantitativos y cualitativos. Incluyendo tiempos de espera en las colas de los comedores que almuerzan sus empleados para mejorar la convivencia y evitar tiempos muertos innecesarios.

- Respeto y reconocimiento a los empleados.

- Ataque constante y eliminación voluntariosa de todos los procesos burocráticos.

- Eliminación de proyectos en marcha innecesarios que alarguen las horas tediosas de trabajo inconcluso.

- Empleados contentos, diversión y celebración de éxitos.

Apple,

- Facilitar la forma de hacer negocios con sus clientes.

- Enfoque a pocos vitales, donde muchos se han preguntado por qué no han salido más productos de la marca insignia del mundo y unas de las respuestas es que conforman un agregado en la industria y quieren seguir innovando más que seguir creando productos que no aporten a la misma.

- Simplicidad hacia el mercado. Cosas de altísima complejidad deben traducirse en simples para sus clientes.

- Agregar alto valor a sus consumidores sin aferrarse a ideas del pasado; incluso cuando hayan sido exitosas, por el simple hecho que muchos accedieron a estas ideas antiguas y ya las ofrecen traducidos a productos.

- Deseo sincero y auténtico de ser los mejores. No están interesados a entrar a los mercados si no serán los mejores.

Facebook,

- Ideas curiosas pueden convertirse en grandes negocios.

- Cometer errores que aprendas sin señalamiento.

- Cultura de confianza combatiendo al miedo grupal e individual.

- Crear valor desde cada ángulo.

- Asociación con los menos favoritos para que estos se vean obligados a innovar.

- Equipos de alto desempeño y críticos.

- Crear valor en todo momento.

- Ideas sólidas.

- Atracción de los mejores talentos incluso mejor si son emprendedores pero que estacionen su mejor talento para solidificar nuevas vías de desarrollo.

- Perfiles basados en inteligencia pura, y también en lo emocional. Pero si alineados con la misma idea.

- Fijar prioridades, siempre éstas están relacionadas con el cliente y con sus ideas sin desperdiciar el tiempo.

Walt Disney,

- Orientación al cliente, recibir a millones diarios en sus parques con la misma calidad y mejorada para cada día. Satisfaciendo de forma magistral a todos los visitantes.

- Maravillar a sus clientes en cada interacción para obtener su lealtad absoluta que se traduce en la rentabilidad de sus negocios en cada uno de los mercados que atacan.

- Dar el mejor servicio del mundo incluso comparándose con otros interactores que no son los principales competidores ni sustitutos, para ellos cualquiera en el globo qué ofrezca un gran servicio, ya sea este un banco, una institución educativa, una institución de gobierno, etc. se conforma en un referente de comparación lo cual evitan cada instante para ser reconocidos como la mejor empresa de servicios del planeta.

- Constante aprendizaje para cambiar sobre la marcha en segundos y buscar la mejora continua.

- El detalle cuenta, cada ínfimo resquicio debe ser cuidadosamente observado, mejorado y mantenido en el tiempo.

- Absolutamente amistosos y amables con empleados y clientes.

- Inducción "Tradiciones" con la cual buscan inspirar a sus empleados de su marca, historia, impacto en la cultura del mundo moderno.

- Reconocimiento a los empleados de forma constante y creativa.

General Electric,

- Esta empresa longeva fundada por su primer CEO Thomas Alva Edison en 1890 siguen siendo un gran referente de calidad, innovación y rentabilidad que sobrepasa muchos entendimientos.

- Lidera, no administres, controla, emerge con algo de fuerza, pero mucho mejor dinamízalo, emociónalo e inspíralo.

- No sofoques a tu personal, déjalos equivocarse y que tomen sus propias decisiones.

- Articula tu visión no que quede en teoría, que se vuelva práctica.

- Simplifica con autenticidad y deseo sincero.

- No seas tan formal, evita el silencio y desapego de tu equipo.

- Transmite energía, energía y energía.

- Enfrenta la realidad.

- No le temas al cambio.

- Ideas nuevas, bienvenidas constantemente.

- Da seguimiento, las cosas no se dan por arte de magia.

- Deshazte de la burocracia.

- Elimina tus límites y los de otros.

- Concéntrate en los valores, recuerda que son más importantes que tus ganancias. Una mala reputación te lacra.

- Sorprende alta y constantemente a tus clientes.

- Cultiva a tus líderes, Mejor que uno son dos líderes o más.

- Cultura de alto aprendizaje que involucra a todos.

- Juega y diviértete en equipo.

- Establece metas muy ambiciosas pero cumplibles al largo plazo y con mucho esfuerzo, ética e imaginación.

- Infunde confianza, sino te estás divirtiendo estás en el negocio equivocado.

- Busca ser el número uno. Si la primera estornuda a ti te dará neumonía. Es mucho más fácil controlar el destino de tu empresa si está en la cima.

- Brinda calidad de vida, tecnología para mejorar calidad de vida, productos para mejorar calidad de vida, trabajo duro e imaginativo para mejorar la calidad de vida.

- Se veloz con velocidad absoluta. La tecnología ahora avanza de forma incesante, sino te mueves rápido te vuelves obsoleto, decepcionas a tus clientes y desaparecerás en el tiempo.

- Compórtate como una empresa pequeña, siendo grande gigante e inmensa. Las ventajas de las empresas pequeñas son enormes, no te vuelvas un elefante blanco. La gente se involucra más.

- Pasión, pasión y más pasión.

Berkshire Hathaway,

- Proteger la reputación, toleran pérdidas en rendimientos, pero nunca toleran pérdidas en la reputación.

- Reportar las malas noticias constantemente, no hay excusas para demoras.

- Adoptan una visión a largo plazo, las decisiones de corto plazo son solo para emergencias.

- Adiós a la burocracia, cosas simples, adquisiciones no tan pensadas y sufridas.

- Evitar de sobre manera el regatear y el excesivo control de gastos.

- Toma riesgos altos, pero eso sí cuida el efectivo (cash).

Amazon,

- La verdadera ganancia no se da en cobrarle más al cliente, sino en cobrarles un precio más razonable pero que te escojan siempre y a largo plazo.

- Gerencia de cambio constante, no significa cambiar los inmutables deseos de los clientes y no caer en modas innecesarias, innovarse por dentro y por fuera manteniendo los altos estándares, inversión y amor a sus clientes.

- Visión a futuro, las estrategias se construyen sobre elementos estables en el tiempo. Precios razonables, entregas rápidas y variedad de productos. Eso no cambiará nunca.

- La importancia de ser flexibles, terquedad en la constancia y perseverancia, el resto es un negocio inteligente de gente inteligente con aspiraciones inteligentes, con ética construir lazos y puentes de comunicación constantes con nuestros clientes así sea a la madrugada en cualquier lugar del mundo.

- Acepta críticas, sino eres criticado no creces.

- Realidad a los sueños, construye sueños, pero luego impleméntalos sin lugar a duda.

- Innovación, pero a partir del cliente. Nada que ver con la oración para ser competitivos, innova siempre y cuando estés consiente que tu cliente lo valorará. Entonces empieza el viaje hacia atrás.

- Cuidado con las glorias pasadas, eliminar la adicción y nostalgias pasadas del éxito. Erradicar sensaciones de éxito y legados perpetuos. El brillo no dura para siempre. Los intereses de tus clientes y los accionistas si durarán muchos siglos.

- La Invención requiere de buena disposición al largo plazo para no ser malinterpretada. Debes mantener tu voluntad en el tiempo a pesar de que sea tergiversada. Esa es la clave de la invención.

En un gran resumen luego de analizar estas citas y creencias maravillosas de empresas realmente grandes en éxito, de respetadísimas marcas, de impacto en nuestra vida de hoy en día y del futuro de nuestras generaciones; podemos sin duda a más de aprender sin rabietas e ideas reservadas resaltarlas en las siguientes reflexiones de la nueva cultura que propongo y que podría aplicar en este mundo turbulento en donde los modelos establecidos se han roto y la predictibilidad de recetas ya no podrán firmemente ser selladas en piedra. Basta para esto último ver los resultados de las últimas elecciones del 2016 del gran imperio de Estados Unidos donde el conglomerado vaticinaban con firmeza otros resultados.

Valores, Principios y Ética irrenunciable. - Este es el cimiento de todo lo que existe en las empresas exitosas y admiradas, a pesar de la presión, de las amistades y sensaciones de afiliación, de las torpezas humanas, de las tentaciones apetitosas y una serie de vientos que nos soplan de varias direcciones; sus principios, valores y su ética de tratar el entorno de empleados y negocios es inalterable sin menguar cualquier desagrado personal, mancuerna de amistad, pactos de vida, secretos refundidos o costos de largas y grandes indemnizaciones por deshacerse de los impulcros.

Estas organizaciones cuidan su reputación sus activos y su legado en el tiempo a cualquier costo, para entonces dejar así un valor de por vida hacia los empleados y la sociedad.

Amor a los clientes. - Sincero, cuidando todos los detalles que van desde la calidad del producto, determinando que las interacciones sean limpias llenas de detalles desde el empaque, el trato con el cliente, el manejo de sus quejas, la forma de cobrar haberes, la medición de los niveles de servicios de toda la cadena y viendo constantemente que todos agreguen valor con cada interacción. Siendo flexibles y amables para cuando incluso tengamos que referirlo con otro para que le preste el servicio o producto que no tengamos.

Contratar personas verdaderas. - Cerebros, criterios, seres humanos, sin limitarlos, viéndolos holísticamente no solo como contribuidores sino como clientes internos, como socios, como críticos de lo que buscamos, educándolos, reprendiéndoles con la firmeza que deja enseñanza, pero con calidez verdadera. Poniéndola fácil para no entorpecerlos por riñas internas y eliminando cualquier intento de conato y de bandos que paralicen a los talentos por simple envidia. Reteniéndolos, apoyándolos a cumplir sus sueños y prosperidad logrando lo mejor de ellos que tal vez no lo conseguirían ni si quiera en sus propias empresas y nunca tratarlos con desdén e ingratitud.

Extinción de la Burocracia. - Exterminio de procesos innecesarios que no generan valor en las cadenas de proveedores, que no agregan en nada a los clientes y desaniman a los empleados. Eliminar las cargas de trabajo no valoradas por nadie y que forman parte de relleno para justificar el trabajo de alguien que sin duda resta con su lastre a la organización, calienta los cubículos y genera horas innecesarias y extras renumeradas con el sudor de todos y a costa del cliente. Confluyendo en desmedro de la competitividad en el tiempo.

Diversión y celebración constante. - Evitar el formalismo ilógico de antaño que todo lo juzga, que premia al carácter serio y poco desenfadado de aprendizaje y merma la alegría, pasión y constante búsqueda de la prosperidad de todos, incluyendo las celebraciones sociales, tradicionales y de logro de objetivos a una inversión en todos los detalles sin menguar la calidad de la retribución amorosa y cariñosa hacia los empleados. Poniendo la misma creatividad en cada interacción con los clientes internos. Lo valorarán y seguirán en tu empresa pese a momentos de reajuste.

Cuidar los dólares más no los centavos. - Invertir cada momento en hacerlo bien desde la primera vez, construyendo también un marketing estratégico a largo plazo, comprometido con proyectos de investigación y desarrollo. Dando rienda suelta a retornar al mercado y a los empleados su aporte riqueza y contribución, evitando destruir el ímpetu de las decisiones comerciales enmarcadas en la ética para sinceramente desarrollar relaciones con clientes y con empleados valiosos.

Reducir la aversión al riesgo. - Valientes y no temerosos de la equivocación que sea bien intencionada y aperturista de sueños. Conscientes del valor de la creatividad como empresa y como está se halla sustentada con varios intentos fallidos, pero con otras posiciones absurdas muy acertadas que solo el tiempo les dará la razón. Comprometidos a avanzar con firmeza hacia objetivos diferentes que nuestra competencia llenos de distinguida personalidad e irreverentes estilos en contra de la mediocridad.

Sincero y constante deseo de ser los mejores. - Evitando a gente que comparta pisadas en los pasillos de las empresas sin dolor de perder clientes, cuidando los revenues ganados en tiempos antiguos y creando nuevas fuentes de ingresos. Detallando cada paso a dar para extraer posibilidades en el mercado que sean agresivas y atrayentes para los futuros consumidores y nuevos que estén esperando nuestras nuevas ideas que generen riqueza y prosperidad en la sociedad.

Velocidad intrépida. - Dando rienda suelta al vértigo, entendiendo que la velocidad del líder es la velocidad del equipo, descifrando a líderes estresados y atrapados en las oficinas sin permitir que la gente les interrumpa porque les rompen los esquemas de vagancia o de pasividad. Puertas abiertas a un mundo caótico y vertiginoso donde todos jugamos y que si somos sinceros somos los primeros impacientes con la tecnología que utilizamos que ya no nos gusta esperar micras de segundo si no conecta nuestro internet. Con la misma molestia y vehemencia dejar que todo sea rápido poniendo los líderes el ejemplo en cada sesión planeada o no.

Simpleza. - Facilitar a los clientes la forma de hacer los negocios con tu empresa, evitando largos análisis para decir que no a tu equipo cuando podría haber flexibilidad interna para dejarla fácil a todos y así el cliente vea que no llegas a la firma del contrato amargado y lleno de presiones. Descartando cualquier orgullo de pregonar a los cuatro vientos que siempre han sido así las cosas y que es más complejo la venta interna. Erradica esto sin remordimiento.

Competitividad y Coopetitividad feroz interna. - Ponlos a competir con atrevimiento premeditado buscando la excelencia y ganancia de todos. Hazlos una maratón del mejor sirviendo al cliente, el mejor reduciendo procesos, el héroe del cliente, el mejor vendedor, el mejor director, el mejor supervisor de back office, el mejor empleado. Divide en cifras y reparte reconocimiento y premios constante, apláudelos y no escatimes en mantenerlos y preservarlos y los que hayan ganado deberán seguir con triunfos y no poner de so pretexto triunfos antiguos. Y luego intégralos para unirlos en objetivos comunes. Siempre deberán existir métricas comunes para que todos hagan cooperación. Premia a departamentos y premia sinergias.

Haz de estos puntos de la nueva cultura organizacional una radical filosofía que siempre será cuestionada y mejorada en base a tus resultados, lo que quiera el mercado y lo que preserve tu reputación y ganancias.

Un round más, recicla.

…Resetearte a diario, nada es del mismo tamaño y de la magnitud que sentías antes de irte a la cama Despierta al otro día, seguro el monstro no es tan peligroso…
Anónimo

Actúa como los niños cuando se sobreponen antes sus caídas. Te has dado cuenta cómo se levantan casi sin dudar, van llorando por los rincones, pero luego se sacuden y sin darte cuenta todo el rollo pasó y siguen en sus travesuras. Más tú, preocupado sobreprotegiendo a tus hijos, peleándote con los padres por que tus sobrinos le agredieron. Si quieres tener la capacidad de ser resiliente no te sobreprotejas y tampoco permitas que lo hagan los que están cerca de ti. Cree en ti, justo en los momentos más duros e injustos que estés viviendo. No se trata de evitar que te caigas, sino de levantarte. Por supuesto, ese es el éxito verdadero.

A veces la vida nos pone a prueba, nos plantea situaciones que superan nuestras capacidades: una enfermedad, una ruptura de pareja particularmente dolorosa, la muerte de un ser querido, el fracaso de un sueño largamente anhelado, los problemas económicos, las injusticias, la pérdida de tu trabajo… Existen diferentes circunstancias que nos pueden llevar al límite y hacer que nos cuestionemos si tenemos la fuerza y la voluntad necesarias para continuar adelante. En este punto **tenemos dos alternativas: dejarnos vencer y**

sentir que hemos fracasado o sobreponernos y salir fortalecidos, apostando por la resiliencia.

La resiliencia, es un estado indescifrable de como tienes la capacidad de asumir con flexibilidad situaciones al límite y sobreponerse ante ellas, pero en psicología clínica añaden algo más a este concepto: no sólo gracias a ella somos capaces de afrontar las crisis o situaciones potencialmente traumáticas y destructivas, sino que también podemos salir fortalecidos de ellas de una manera holística que no lo puedes ni imaginar.

Implica replantear la ecuación de pánico en función de las nuevas circunstancias y de nuestras necesidades. De esta manera, que estas personas "resilientes" no solo son capaces de sobreponerse a las adversidades que les ha tocado vivir, sino que van un paso más allá y utilizan esas situaciones traumáticas para crecer, desarrollar al máximo su potencial, curtirse hacia adelante y ver la perspectiva de la vida futura con mayor optimismo y solidez que antes.

Para estos guerreros no existe una vida dura, sino momentos difíciles. Y no se trata de una simple disquisición terminológica, sino de una manera diferente y más optimista, aguerrida y resabiada; comienzan a ver el mundo con oportunidad, ya que son conscientes de que después de la tormenta llega la calma absoluta. De hecho, estos espartanos a menudo sorprenden por su buen humor y nos hacen preguntarnos cómo es posible qué, después de todo lo que han pasado, puedan afrontar la vida con una sonrisa en los labios.

No es una cualidad innata, no está impresa en nuestros genes, tampoco viene codificada en nuestro árbol genealógico y aunque sí puede haber una tendencia hereditaria divinamente donada por Dios que puede predisponer a tener un "buen carácter ante la adversidad". La resiliencia es algo que todos podemos desarrollar a lo largo de la vida. Hay personas que son resilientes porque han tenido en sus padres o en alguien cercano un modelo de resiliencia a seguir, han visto quiebras económicas, enfermedades, rupturas inevitables, etc. mientras que otras han encontrado el camino por sí solas dándose de botes en la vida. Esto nos indica que todos podemos ser resilientes, siempre y cuando cambiemos el chip, nuestros hábitos y paradigmas.

De hecho, las personas resilientes no nacen, se hacen, no tienen alternativa y si ven la oportunidad al final del túnel, lo cual significa que han tenido que batallar ante la adversidad o que han probado varias veces el sabor amargo del fracaso, de la caída estrepitosa, de la cercanía del mismísimo abismo, del desprecio absoluto y no se han dado por vencidas y aun así han dado lo mejor de sí desarrollando las habilidades ocultas para enfrentar estos retos absurdos. Entonces, han sacado la resiliencia de lo más profundo de su corazón.

Estos seres humanos comunes y corrientes practican la resiliencia en modo avanzado.

Son muy espirituales y se entregan a un ser supremo. A penas entran en una profunda crisis utilizan palabras poderosas y recurren con mayor énfasis a un ser divino para pedir misericordia.
Mantienen comunión directa con un ser divino y utilizan palabras que destinan. Dan las gracias por tener otras bendiciones e inclinan su cabeza diciendo "amen". ¿Pero por qué es tan poderosa esta palabra? El zóhar dice que aquellos que no entienden ni pronuncian amen causan que las puertas del cielo se cierren y así las

bendiciones no pueden recaer sobre ellos, el resultado es oscuridad. Mira a tu alrededor, quien haya escuchado una bendición hecha por alguien, pero no haya meditado en el fondo de su corazón cierra las puertas del cielo, ninguna bendición se abre para él y hay de su alma dice el zóhar. ¿Cómo puede una única palabra sellar las puertas del cielo e impedir que la luz y energía que irradia del creador entre a nuestras vidas? "Amen" ¡es universal! cristianos, musulmanes, israelitas, todos han usado esa palabra en plegarias y suplicas por miles de años, el uso más antiguo de la palabra amen viene del antiguo testamento, el Torá, el cristianismo adoptó también esta palabra hace más de 2000 años recitándola al final de las oraciones y adoraciones, hoy en día todos aquellos que son cristianos alrededor del mundo gritan amen siempre que pueden, el islam usa esta palabra al final de sus plegarias conocidas como dua, pero casi nadie sabe el secreto detrás del secreto de la palabra amen, sin embargo el mundo entero ha estado utilizando la palabra por siglos y el significado literal de amen es tan ubicuo e omnipresente en nuestro mundo tal como el aire que respiramos, nunca se ha extinguido de la lengua de la humanidad, es probablemente la palabra más utilizada por el ser humano, es tan generalizada que no la valoramos y nunca nos preguntamos sobre ella, amen es el interruptor entre el prendido y apagado en el sistema de aire acondicionado, amen es la palanca de electricidad que hecha andar o no a los motores, amen es el control inalámbrico que enciende tus aparatos electrónicos, y la perilla que enciende la radio permitiendo que la gente como por arte de magia reciba esos servicios, pero sin esa palabra amen no podríamos disfrutar que la televisión o que nuestras computadoras se prendan, es ese poder silencioso que simplemente está siempre ahí para que recibamos bendición si lo hacemos de corazón. Es un poder que dispersa energía, generando frío o calor, entretenimiento o calma, enciende o apaga tu vida, es por esto por lo que el zóhar dice que aquellos brotan la palabra amen son mejores a los que recitan las oraciones. De qué sirven los aparatos de nuestra casa si no existe el botón de encendido que los nutre de electricidad y enriquece nuestras vidas. En medio de su oscuridad los resilientes prenden y atraen la luz.

Conocen sus potencialidades y limitaciones. El autoconocimiento es un arma letal y muy poderosa para enfrentar las adversidades y los retos, y estas personas resilientes saben usarla a su favor, son intrépidos, se escabullen del pánico. Estos rebeldes saben cuáles son sus principales fortalezas y habilidades, así como sus miedos, sus defectos. De esta manera pueden trazarse metas más objetivas y de pasos cortos en la guerra que están viviendo y no solo tienen en cuenta sus necesidades y sueños, sino también los recursos disponibles para conseguirlos.

Imaginación a la N potencia. Estas personas con un altísimo nivel de resiliencia no se limitan a pegar los retazos del cristal roto, son consciente de que ya nunca a volverá a ser el mismo. El resiliente hará un mosaico con los trozos rotos, y reinventará su experiencia dolorosa en algo bello o útil. De lo más vil, sacará lo grandioso.

Confían en sus dotes. Al ser conscientes de sus fortalezas y penurias, las personas resilientes confían en lo que son capaces de lograr. Si algo les caracteriza a estos boxeadores de la vida es que no pierden de vista sus metas y se sienten seguros de lo que pueden lograr. Pero siempre están alertas, y se reafirman en el trabajo de equipo y no se encierran en su cúpula, sino mientras pasan la emergencia piden ayuda.

Oportunidad para reaprender. A lo largo de la vida enfrentamos muchas situaciones escabrosas que nos demuelen, pero estas personas resilientes son capaces de ver más allá de esos momentos y no desfallecen. Estas personas asumen la crisis como una oportunidad para generar un cambio, para reestablecer y extenderse. Saben que esos insomnios no serán prolongados y que su futuro dependerá de la manera en que se resetean. Cuando se enfrentan a un colapso se preguntan: ¿qué puedo aprender yo de esto?

Reestablecen una nueva conciencia. Inconscientes de esta práctica milenaria, los resilientes tienen la sana costumbre de no pensar en el ayer ni en el mañana. Se quedan estacionados en el presente, de vivir el hoy y tienen una gran capacidad de aceptación de su nueva condición. Para estas personas el pasado poco a poco se esfuma y no es una fuente de mea culpa, y tampoco de absoluta zozobra el futuro nuevo, ni les aturde de incertidumbre de la víspera. Son plenamente capaces de aceptar estas vicisitudes tal y como se presentan e intentan sacarles el mayor provecho. Disfrutan de un buen sorbo de vino, un buen pan y de tener un momento con su cereal y no han perdido su capacidad para asombrarse ante los ocasos.

Son objetivos, a través del prisma optimista. Los del país de la resiliencia, aunque son abstractos en otros momentos de la vida, son frontales con el espejo en ese paralelo que les ha tocado vivir, saben cuáles son sus potencialidades, los recursos que tienen a su pobre alcance y sus metas de corto plazo y miran el largo plazo solo como esperanza, pero eso no implica que no sean optimistas. Al ser suspendidos momentáneamente en esa tibieza momentánea, se esfuerzan por centrarse en los aspectos alentadores y disfrutan de esos reveces de forma inverosímil. Estos especímenes desarrollan un optimismo realista, también llamado optimalismo, y están convencidos de que, por lúgubre de su jornada, el día siguiente va a ser un tanto mejor.

Se rodean de personas positivos y escogen más rigurosamente a su sombra. Estos seres humanos de marfil que practican el deporte de la resiliencia saben cultivar sus escasas amistades, por lo que generalmente se rodean de personas que mantienen una actitud híper positiva ante la vida y evitan a aquellos vampiros nube negra que en el fondo a más que les estorba la vida se alegran de su nueva condición. De esta forma, logran crear una sólida red de apoyo magnético que les puede sostener en los momentos más difíciles, reajustando la red social futura.

No controlan lo incontrolable. Una de las principales fuentes de tensiones y estrés es el deseo de querer controlar todos los aspectos tu vida. Por eso, cuando sientas ese sentimiento de perfeccionismo absurdo o jugar a ser Dios, te vas a sentir culpable, inseguros e ínfimo. Sin embargo, estos seres saben que es imposible controlar todas las situaciones, han aprendido a lidiar con la incertidumbre y se sienten holgados al no tener el control.

Se adaptan a estos cambios. Tenían un objetivo trazado, sabían lo que querían, luchaban por eso como locos y con una autoimagen muy alta y lo lograban, pero también tienen la suficiente flexibilidad como para adaptar sus planes y cambiar sus metas cuando no les queda de otra. Estas personas no se encierran en su caparazón antiguo, más bien siempre están dispuestas a valorar diferentes alternativas, sin aferrarse obsesivamente a los planes iniciales o a una sola receta para confrontar lo nuevo.

Más tenaces, más perseverantes. Que sean adaptables no implica que renuncien a sus principios y a sus sueños, al contrario, si algo las distingue es su perversa capacidad de lucha. La diferencia estriba en que no luchan contra molinos de viento, sino aprovechan el sentido de del viento y fluyen con él. Tienen una motivación intrínseca que les ayuda a mantenerse firmes a pesar de los vientos fríos o cálidos que existan y lucharán encarecidamente lo que se proponen.

Humor negro. Una de las características esenciales de los resilientes es su sentido del humor negro, son capaces de burlarse de la adversidad y sacar una mofa de sus desdichas. La risa es su mejor aliada, nuevamente no les queda otra, porque les ayuda a mantenerse sedados y, sobre todo, les permite enfocarse en los aspectos positivos de los nudos de sus vidas.

Buscan apoyo en la comunidad. Cuando los resilientes pasan por un terremoto, su primer objetivo es sobrevivir, buscan ayuda profesional de varias aristas incluyendo las psicológicas o clínicas, poco a poco buscan superarlo, y para ello, son conscientes de la importancia del apoyo de su comunidad y no dudan en buscar la sonrisa, recoger los pasos de su niñez en sus plazas preferidas, en el encanto de un joven artista o del jardinero dedicado hacer una obra en el paisaje o del empresario intentando ser feliz pese a que perdió a su esposa y sigue educando a sus hijos o del lustrabotas que no encontró transeúntes más sin embargo disfruta de un helado en su esquina preferida. Esas pinceladas de alegría le reubican y reaprende nuevamente.

Una nueva pasión más amplia. Cuando pasan el trago amargo y dejan de sobrevivir para realzarse con el triunfo, regresan a la etapa de compra de emociones y emociones más reconfortantes, entonces saben que llegará la nueva pasión, la calma y todo empezará de nuevo.

"Puedes tener defectos, estar ansioso y vivir irritado algunas veces, pero no te olvides que tu vida es la mayor empresa del mundo solo tú puedes evitar que ella vaya en decadencia. Hay muchos que te aprecian, admiran y te quieren, me gustaría que recordaras que ser feliz no es tener un cielo sin tempestades, caminos sin accidentes, trabajo sin cansancio, relaciones sin decepciones. Ser feliz es encontrar fuerza en el perdón, esperanza en las batallas, seguridad en el palco del miedo, amor en los desencuentros. Ser feliz no es solo valorizar la sonrisa sino también reflexionar sobre la tristeza, no es apenas conmemorar el éxito sino aprender lecciones en los fracasos, no es apenas tener alegrías con los aplausos sino tener alegría en el anonimato. Ser feliz es reconocer que vale la pena vivir la vida a pesar de todos los desafíos, incomprensiones y períodos de crisis. Ser feliz no es una fatalidad del destino sino una conquista para quien sabe viajar dentro de su propio ser.

Ser feliz es dejar de ser víctima de los problemas y volverse actor de la propia historia es atravesar desiertos fuera de sí más ser capaz de ser encontrar un oasis en lo más recóndito de nuestra alma.

Es agradecer a Dios cada mañana por el milagro de la vida. Ser feliz es no tener miedo de los propios sentimientos, es saber hablar de sí mismo, es tener el coraje para oír un NO, es tener seguridad para recibir una crítica, aunque sea injusta, es besar a los hijos, es mimar a los padres, es tener momentos poéticos con los amigos, aunque ellos nos hieran.

Ser feliz es dejar a la criatura libre y simple que vive dentro de cada uno de nosotros, es tener madurez para decir me equivoqué, es tener la osadía para decir perdóname, es tener la necesidad de expresar te necesito, es tener capacidad de decir te amo, que tu vida se vuelva un jardín de oportunidades para ser feliz, que tus primaveras sean amantes de la alegría, que tus inviernos seas amigo de la sabiduría y que cuando te equivoques en el camino comiences todo de nuevo, pues así serás más apasionado por la vida y descubrirás que ser feliz no es tener una vida perfecta, sino usar las lágrimas para utilizar la tolerancia, usar las pérdidas para refinar la paciencia, usar las fallas para esculpir la serenidad, usar el dolor para lapidar el placer, usar los obstáculos para abrir las ventanas de la inteligencia. Jamás desistas, jamás desistas de las personas que amas, jamás desistas de ser feliz. Pues la vida es un espectáculo imperdible.

Con cariño Papa Francisco"

@libroheroesdesechables
omar-monroy-poveda

www.ingramcontent.com/pod-product-compliance
Lightning Source LLC
Chambersburg PA
CBHW021405170526

45164CB00002B/509